ダメ男の僕がやっと見つけた

# 稼げるビジネス

恒川正孝

カナリアコミュニケーションズ

# まえがき

最初に少しだけ愚痴っぽいことをお話します。これをお読みになれば、「そうそう、そうだよね」と共感していただけるかもしれません。本書を読み進めるうえで、それはとても重要なことなのです。なぜならば、そうした方にこそ本書を読んでいただきたいからです。

いま世の中はアベノミクスなどと騒がれ、やれ景気が上向いただの株式投資や不動産投資がよいなど言われていますが、何もしていない僕たち凡人の感覚では、景気が上向いたなどと実感できません。株式投資や不動産投資などの資産運用にも縁がありませんし、TVや雑誌等で景気の良い話は見聞きしても、僕たちにはそれを理解するような知識もありません。

一部の人たちだけがうまくいっているのであって、「どうせ自分には無理」としか思えません。現実は資産運用どころか貯蓄すらままならず、ましてや投資など、難しくてリスクを伴うことはなかなか行えません。結局、アベノミクスの恩恵など何一つないのです。

実際、僕の周りの友人知人にも、組合などがある大企業に勤めている人たちはきわめて少なく、中小企業に勤務していたり、職人などの個人事業主がほとんどです。給料が上がったなどという話は誰からも聞きません。それどころか労働条件は悪くなる一方で、何か文句でも言おうものなら「いやなら辞めろ」と言われかねないほどです。また、消費税は8％からそのうち10％へと上がりそうで、アベノミクスによる円安で輸入品の値段が高騰し、生活に直結する食料品の値上がりも起きています。こうなると、生活は良くなるどころか悪くなる一方です。その上、住宅ローンや教育費などに追われ、奥さんがパートで働くのは当たり前で、旦那さんが平日の深夜や土日にアルバイトをしているというケースもよく見かけます。

僕も地元の友人たちと安居酒屋で飲んでいろんな話を聞きますが、皆日々の不安や不満を持っています。そして、最初は会社の愚痴からはじまり、最後は国が悪いといった話で終わります。

彼らの口をついて出てくるのは「何かいい話はないか」ばかりです。たとえば、こんな具合です。

「今更リスクを冒したくない」
「これから何か勉強したり資格をとるのも面倒くさい」
「もっと簡単に儲かる方法はないか」

こんな都合のいい話ばかりしています。ちょっとまじめな者は代行運転手をしたり、コンビニでバイトしたり、運送会社で荷物の出荷等をしたりしていますが、せいぜいその程度です。

なぜそうなるのか？

皆「今のままではだめだ」「何かしなければならないが……」と思ってはいるのですが、人は何か新しいことを始めたり変化することを避けたがるからです。怖いというか、変わりたいと思ってはいても、難しい事や面倒なことはしたくないのです。

サラリーマンを辞め、独立してお店のオーナーになったり、会社を興したりする人たちもたくさんいますが、何か特別で強い志を持って独立される方は少ないのではないでしょうか。それよりも「サラリーマン時代よりもっと稼ぎたい」と考えて独立起業をする人が多いように思います。

事業を始めるには当然それなりのリスクも負います。たとえば、僕のような地方で暮らしている者が独立して何か事業を始めるというと、建設業、不動産業、保険業、中古車販売業、飲食店やコンビニなどが一般的ですが、いずれも多額な開業資金や運転資金が必要なケースが多く、いろいろな資格や免許、登録なども必要になります。しかし、お分かりのように、大きなリスクを背負ったり、資格取得等の難しいことまではしたくないという人が多いのです。そうしたリスクや難しいことは避け、収入が今より月に五万円、十万円多くなれば十分という人がほとんどなのです。

「簡単に儲かる方法はないか」「楽して儲かる仕事はないか」と都合のいいことばかり考

えていた僕が、たまたま出会ったのが結婚相談業というあまり聞きなれないビジネスでした。それまで僕は色々やってみたものの、何をやってもうまくいかず中途半端で終わりました。そんな僕でもできたのが結婚相談業というビジネスだったのです。

本書は結婚相談業を中心に語っていますが、決して難しい内容ではありません。そして、他のビジネスにも応用できるヒントがいっぱい詰まっています。それを少しでも参考にして、皆さんのお役に立てれば幸いです。

Contents

# ダメ男が探し求めた楽して儲かるビジネス

## 第2章　究極のアナログビジネス　結婚相談所

## 第3章　自宅訪問のコツ　警戒されないための面談技術



## 第4章　いざ、契約！　入会に喜ぶのもいいが、最後まで気を抜くな！

## 第5章　お見合いの〝設定〟とお見合いの〝現場〟 中途解約のリスクを減らせ



## 第6章　年齢や男女の区別なく働く仲人さん達 どんな人がいるの？

## 第7章　結婚難民と言われる適齢期を過ぎた独身男性が一度は耳にする国際結婚の〝光と闇〟



## あとがき

# 第1章

## “楽して儲けたい”
## と思い続けてきた怠け者の私が
## ひょんなことから出会った
## 特殊なビジネス

この本は、結婚相談所を開業して稼ぐためのノウハウ本になってはいます。しかし、僕が皆さんに伝えたいのは、けっして結婚相談所を開業するための細かな知識ではありません。では何を伝えたいのか。それはズバリ、**稼ぐためのノウハウです。この本は稼ぐためのビジネス本なのです。**

『なんか、楽して稼げるような、いい仕事ないかなぁ〜？』と思い続けてきた僕と同じような思いを持っている人たちに、ぜひ読んでほしいとの思いで書いたのです。

冒頭からこのようなことを書くのは気が引けますが、僕自身、結婚相談所をやりたかったわけでもないし、男女の出会いなどに関心があったわけでもありません。とにかく簡単にお金になる仕事ならなんでもよかったのです。その一念だけで、サラリーマン時代から転職を繰り返してきましたし、仕事にやりがいだとか楽しさなどを求めたこともありませんでした。ただただ楽して稼げる仕事を求めてきたのです。

そして、たまたま出会ったのが結婚相談所だったのです。別の言い方をすると、結婚相談所という仕事が一番簡単に始めることができ、一番簡単に稼げることができただけなのです。

読者の皆さんには、最初にこのことを知っておいてほしいのです。

## 久しぶりに本屋のビジネス本のコーナーへ行ってみた「変わってねーな」

僕はかつて20代前半のころ、よく本屋に足しげく通っていました。その後、しばらく本屋に行かなくなったのですが、ある時、ひさしぶりに立ち寄ってみました。すると、こんなタイトルの本がところ狭しと並んでいました。

《潜在意識が○△》
《夢を紙に書いて□×》
《成功者がしている△□》 等々

どれも、読めばすぐに誰でも簡単に「夢が叶う」「成功できる」ような本ばかりです。
それを見て、僕はついこうつぶやいてしまいました。

「変わってねーな」

僕が20代前半当時にビジネス本コーナーで見た光景とほとんど同じだったからです。

僕はこうした類のノウハウ本を否定はしませんが、そのような本を散々読み漁って来た僕自身何一つ変わりませんでした。そんな事で夢や目標が叶うのならば、世の中ほとんどの人が成功している、と僕は思います。

《○○であなたも年収数億円！》などという派手なタイトルのついた本も相変わらずたくさん並んでいますが、そもそも億という大きな金額自体ピンとこないし、イメージできません。実際手に取って読んでみても、複雑な知識が必要だったり、特殊な能力が必要だったりして、一般の読者にはかなりハードルが高いのです。なかには、相当のリスクを負わなくてはいけない内容も多く、決して現実的ではありません。

僕を含め大多数の人は明確な夢や目標を持ってはいないと思います。たいてい、こんなことを考えているのではないでしょうか？

「もう少しお金がほしい」
「今よりちょっとだけ良い生活がしたい」
「でも何をすればいいか分からない」
「面倒くさいことや小難しいことは嫌だし、最初からたくさんの費用が掛かることはしたくない」

僕にはこうした気持ちがよくわかります。なぜならば、かつての僕がそうだったからです。ここで、当時の僕が考えていたことを少しお話しします。これをご覧になれば、「自分と似ている」と思ってもらえるかもしれないからです。

僕が起業するだいぶ前のことですが、週末、地元の友達と、いつもの安居酒屋で会社の愚痴を言いながら焼酎を飲んでいると、友達がこう話しました。

『そういえば中学の同級生の○○、何か商売を始めて、結構稼いでいるみたいだぞ。ベンツ買ったらしい』

それを聞いた僕はこう言い返しました。

『ふん、どうせ中古だろ？　そのうち潰れるんじゃないのか？　世の中そんなに甘くないからな』

こんな憎まれ口を叩きながら、内心は焦りと嫉妬でいっぱいでした。でも自分にはそんなリスクを背負ってまで独立する勇気もない……。そう思うと、なんとも言えぬむなしさを感じたものです。

こうしたむなしさは、家庭でも味わいました。

これもだいぶ前のことですが、小さい娘達から、連休中にどこか行きたいとせがまれ、やっとの思いで近県の温泉旅行一泊を予約しました。当日、走行距離10万キロを超えた古い自家用車に妻と母親と娘二人を乗せて出発。みんなそれなりに喜んでくれました。途中でサービスエリアや道の駅などで休憩したのですが、その際、僕より若いお父さんたちが新型のトヨタのアルファードやヴェルファイア、日産のエルグランドなどを乗りつけ、僕の車近くに駐車しました。そこで、彼らの子供たちが室内にある大型のモニターでアニメのＤＶＤを見て楽しそうにしている光景を目にしました。

その時、自分の車の運転席についている小さなナビの画面に映っているアニメのＤＶＤを後部席から覗き込むようにして見ている娘たちが、なにやら不憫に思え、自分の甲斐性の無さに、なにか娘たちまで卑屈な思いをさせているのでは？と勝手に感じてしまいました。

車なんかなんでもいい、という人たちもいます。僕も別に車だけにこだわったわけではありませんし、ベンツやポルシェ等、一千万円以上する車を求めているわけでもありません。ただ、快適な車に乗せて子供たちが喜んでくれるなら、そうしてやりたいと思うのが親の気持ちです。買えるけど自分には必要ないから買わないのと、欲しいけど買えないというのでは全く違います。僕はもちろん後者でした。娘たちを見ていて、気持ちまで貧しくなっていったのを覚えています。

当時の僕は、「もう少しだけ生活水準を上げたい！　月の収入がもう少し増えればもっと色々な事が出来るし、欲しかったものも買える。もっと娘達家族にも何かしてやれるのに……」。こんな思いをいつも抱いていたのです。

話を戻します。僕の地元の友達や僕のように考える人の多くは、さらにこんなことも思っていたりします。

「今の会社を辞めてまで冒険はしたくない」「人を雇ったりしなくても、自分一人で出来ることがしたい」「主婦や高齢者でも出来ることがよい」「現状のまま空いた時間や休日などを使い、そんなに難しくなく簡単に月収数十万円が稼げればよい」「やり方次第で月数百万円以上稼げることが出来ればなおよい」

一見すると、「なんて虫が良いのだろう」と思えますが、決してそのようなことはありません。こうした希望を叶えることは十分に可能なのです。さらに言えば、ビジネスとして成り立たせることも可能です。本書では、まさにこの点を感じとってほしいのです。このように言うと、いかにも怪しげな感じがするかもしれませんが、決して怪しくもありません。本書では、こうした希望をビジネスとして実現するための方法を順を追って解説していきます。決して難しい内容ではありませんので、どうか安心して読み進んでください。

まずは、もう少し僕の過去についてお話します。

## 女にもてたい一心でトヨタのクラウンを購入
## しかし、ローンが大変で……

今から約30年前のことです。80年代前半の僕は、工業高校を卒業後「自分のような不細工はいい車に乗らないと女にもてない！」と思っていました。今の若い世代は、車なんて軽の中古でもなんでも良いという風潮ですが、当時の僕たち男にとって車は、女性に対する最大のアピールポイントでした。その頃はやっていたのは日産セドリック・グロリア、トヨタクラウン、ソアラ等々で、新車価格はどれも４００～５００万円と高額で、当時はハイソカーと呼ばれる車でした。僕はその中でもかなり高額で中古車でも２００万円をオーバーしていたトヨタのクラウンを購入し改造しました。

しかし、現実は厳しく、高級車に乗ったからと言ってモテルわけでもありません。しかも高額なローンを組んでしまったので、その支払いのために給料の高い仕事を探さなくてはなりませんでした。

## 高額の求人にひかれ自動販売機のセールスマンに

ある日、新聞の３桁求人広告を見ていると、高額の求人欄が目に止まりました。僕は迷わず応募し、すぐに採用されました。その会社は、自動販売機を売る会社でした。仕事は自販機を売るために県内くまなく飛び込むセールスです。当時は今のようにあちこちにコンビニがあるわけでもなく、ジュースなどの飲料は自販機での販売がまだ一般的な時代だったので、いろんな場所に自販機が設置してありました。

社内に営業係長が３人いて、それぞれの係長の下にグループがありました。1グループは、係長と僕を含め平社員の営業マンが２人もしくは３人で構成されていました。

毎朝営業会議があり、売り上げが上がっていない月は営業所長から檄が飛び、成績の悪い者はしぼられます。その後各グループに分かれ、グループごとに係長の運転する車に便乗し、県内くまなく営業に回ります。沿道の一般家庭や商店街など毎日軒並み訪問させられました。

こうした営業方法は当時よく見られましたが、非常に原始的なアポなしの飛び込み訪問で、今はもうあまり見られなくなりました。いきなり飛び込み訪問して自販機のセールスをしても、ほとんどは門前払いです。ただ中には関心を持つ人もいて「兄ちゃん、いくら位儲かるんだ？」と聞かれることがありました。そんな時、僕は「そんなに儲かりません。月に4～5万円位です」と答えていました。これを聞いて、商売っ気の強い人は頭の中ですぐにこう計算します。

自動販売機 ↓ 何もしなくていい ↓月最低でも4～5万円。うまくいけば数十万円儲かる……

そして、次に「自販機を買わなくちゃいけないんだろう？」と聞かれます。僕の会社はジュースや当時珍しかったアイスクリームなどの自販機を販売していましたが、どれも100万円以上する高価なもので、しかもあまりメジャーではないメーカーの製品を扱っていました。そのことを伝えると、なかなか買ってもらえません。

しかし、当時リース販売という方法があり、僕が「リースもありますよ」と話すと割と関心を示されました。高額な自販機を購入すると大きなリスクを背負いますが、リース契約ならば、うまくいかなければ返せる、ということで、契約がとりやすかったのです。

リース契約とは、お客に代わってリース会社が車や機械などを購入し、それをお客に貸し出す取引のことです。この場合、お客は多額の費用を必要としないで車や機械を入手できます。法人ならリース料を経費として処理できます。

何も知らない状態で自販機のセールスマンが来たら、僕でも「これはうまい話だ」と飛びつき契約したかも知れません。

ただし、契約書の分かりにくい場所に「リース契約は5年間解約不可」と書いてあり、結局購入するより高くついてしまうというかなり悪質な契約でした。

ちなみに、一番高いジュースとアイスクリームの自動販売機の場合、買い取りだと150万円くらいでしたが、5年のリースでは総額160万円を超えたはず。そういうこともあり、ほとんどのお客は契約後、買い取りに変更していました。

## 自販機セールスの不思議
## 「なぜ何台も自販機を買うのだろう？」

この仕事をしながら不思議だったことがありました。それは、よく田舎の辺鄙な場所にいろんなメーカーの自動販売機が３台も４台も並んでいるのを見かけたことです。あなたもそんな光景を目にしたことがありませんか？　入社間もない頃、僕も上司とそういう場所に行きました。そして「なんでこんなにたくさんの自販機が置いてあるのだろう？」と不思議に思っていると、上司は数台の自販機の持ち主とみられるお父さんを近くの田んぼで発見し、僕に向かってこう言いました。

「営業して来い」と。

僕が「え？　もうたくさん自販機があるじゃないですか」と答えると、上司は「ばか！だから行くんだよ」と怒られました。３台も４台も買っているということは、それだけ財布のひももゆるく、儲かりそうな話にはすぐに飛びつく甘い人間だ、という事なのです。

そういう人は、3台4台どころか、5台6台と買う可能性が高いといいます。

## 自販機セールスで学んだこと

結局はノルマのきつさや飛び込みセールスの難しさ等から転職することになりましたが、今思えば、当時18歳の僕の頭の中に、こんなことが無意識に刻まれていきました。

飛び込み営業では、僕たち経験の浅いセールスマンが訪問・アプローチし、あとは上司に交代して詳しい方法を説明すると効果的である。

相手の関心を引くトーク。たとえば「大きな借金や投資をせずともローリスクで、しかも設置しておくだけで何もしなくても毎月お金が入ってくる」と話す。

どんなうまい話でも乗らない人は乗らないし、乗る人は何度でも乗る。

僕は自販機セールスを通じて、こうしたビジネスのコツのようなものを学びました。

## ローンを返済するために、今度は長距離トラックの運転手になる

自販機の販売会社を辞めても、まだ車のローンの返済は長期で残っていました。そこで、長距離トラックの運転手なら稼げると思い、運送会社に再就職しました。

ところが、長距離トラックの仕事は長時間労働の最たるものです。給料は確かに増えたのですが、肝心の愛車に乗る時間が全く取れません。当時の僕は、より多く稼ぐには人より長い時間働くしかない！と思い込んでいたので、日々睡魔と闘いながら深夜にトラックを走らせる毎日でした。ただ基本的に車の運転は好きなので、日本中かなり多くの場所へ行けたことが楽しい思い出になっています。

しかし、半年くらいした頃に人身事故を起こし、運転免許取り消しという事態になってしまいました。僕のような地方で生活している者には、運転免許は不可欠です。運転免許がないということは日々の行動すら制約されるからです。それどころか仕事も失い、せっかくローンで買った車にも乗れないという最悪の結果になってしまいました。自業自得と

はいえ、そのショックは大きく、参りました。

## 金持ちになりたい<br>あーあー、宝くじでも当らんかな

ここで簡単に、僕が育った環境を述べます。そうすれば、僕がやがて家を出て行った理由がお分かりいただけると思います。

僕の両親は僕が生まれる前から、父親の親戚が営む食品製造会社に勤務していていました。まだ暗い午前3時ころから夕方まで働き詰めで、休日も月に2日あればいいほうでした。そんな家庭に僕は一人っ子として生まれ、父と母と僕の三人家族で、会社所有の小さな家を借りて住んでいました。親の会社が遊び場で、父親や同僚の人と一緒に配達について行ったり、会社で皆と一緒に昼ご飯を食べたりなどしていました。親が忙しくて構ってもらえない事も苦にせず、自分なりに遊んでいました。

学生時代から何をやっても長続きせず、ただ好き勝手をやって、トラブルの時だけ相談

するという僕に対して、厳しい面もありましたが基本的には優しい両親でした。父親も母親も勤勉で、家を建てるため、僕を育てるため必死で働いていました。かなり長時間で重労働だったためか、母親は病気で数度の手術をし、父親は59歳という若さで亡くなりました。中小企業だったので退職金等もほとんどなく、母親がもらう遺族年金も少額でした。結局親戚ということで、かえって色々な責任を押し付けられました。典型的な会社人間だった父親は、そうとう苦労していたと母親は話していました。

こうした両親の姿を見てきた僕は「会社は社員のことなんて本気で考えてはくれない」と思うようになりました。だから僕はサラリーマン時代に、会社の為とか、この社長の為、なんて思って仕事をしたことは一度もありません。父親は大好きでしたし、尊敬もしていましたが、僕はそんな父親のような人生を歩みたくない、と思いました。というか、できないと思いました。結局、行き当たりばったりの生き方が僕の生き方なんだと思います。

さて、その後の僕についてお話します。

車を売却し、夢も希望もなくし、お先真っ暗な状況になった僕の家に同級生の友達たちが入れ替わり立ち代わり励ましに来てくれました。とはいえ、遊びついでに来るのであって、みんな車高短にした自慢の車に彼女を乗せてやって来ました。それを見ていると余計に辛くなり落ち込んでしまいました。

このままここにいてはダメになると感じた僕は、どこか県外へ行こうと考えました。そして、なんとなく土地勘のあった京都へ、親にも相談せずに飛び出します。

京都駅に降り立った僕は求人情報誌を購入し、住み込みの仕事を探しました。そして、そこでたまたま見つけた印刷会社に就職しました。その後、運送会社の助手へ転職し、安いアパートを借りて本格的な一人暮らしを始めました。やがて運転免許の取り消し期間がすぎ、運転免許を再取得しました。運転免許証を手にした僕は、てっとり早く高収入を稼ごうと、また運送会社へ就職しました。給料は割とよかったのですが、朝4時からの勤務できつい毎日でした。そんな時たまたま当時付き合っていた彼女と結婚することになり、子供も生まれ、車は7万円のボロボロのディーゼルセダンになりました。毎月の小遣いは2万円です。タバコも買えないので、タバコはやめました。

「あーあー、宝くじでも当らんかな」なんて思いながら、漠然と金持ちになりたいと夢だけ持ち続けていました。そして、《高収入＝長時間労働》という考え方に違和感を覚えはじめ、「何か楽して稼げる仕事はないか」などと思いながら何をしていいのか分からず、日々悶々としていたのです。

## 羽振りの良さにつられ不動産会社に転職するも甘くない現実に

その頃、ちょうど日本全体がバブル景気に沸き、不動産業を営んでいた妻の父親（義父）は、好景気の恩恵をこれでもかというくらい受けていて、実に羽振りが良かったのです。

やれだれだれがベンツの560（当時新車価格が約1350万円）を買ったとか、どこどこの社長はベントレー（当時新車価格が約3000万円）だの、別の社長はプロ野球選手の○△と同じフェラーリテスタロッサ（当時新車価格が約2600万円）を買ったとか、そんな夢のような話を毎晩聞かされていました。

元来怠け者の僕は「運転手なんかしている場合じゃない。時代は不動産屋なのではないか？」と思い、運送会社を辞め不動産会社へ転職しました。

ところが、僕が転職したのはちょうどバブル崩壊のタイミングでした。不動産業は不景気のあおりをまともに食らってしまい、時代を謳歌していた人たちは次々と倒産したり、夜逃げをするような有様でした。僕が入った会社は比較的大きな会社で経営は安定していましたが、本来の相場より異常な高値のついた不動産物件にお客は見向きもしませんでした。その会社は今では分譲マンションも多数手がけ、色の黒さで有名な歌手をＴＶＣＭで起用するぐらいの大阪でも割と有名な会社になりましたが、僕が入社した当時は自社の建売住宅や中古物件の仲介がメインの会社でした。

基本的な営業方法は、土日に物件のチラシを朝刊の折り込み広告に入れることでした。そこに掲載される物件は、実際見るより間取りなどがチラシ映えするもので、お客にとって魅力を感じさせる物件でした。僕ら営業マンは事務所で待機し、広告をみて問い合わせをしてくる人を待ちます。そして、問い合わせをしてきた人の自宅へ迎えに行ったり、来社した人を車に乗せ物件を案内したりします。チラシの物件の中身ですが、実は広告として魅力のある物件（見栄えの良い物件）と会社が売りたい物件（いわゆる利益の高い自社物件）は違います。はっきり言うと、チラシに載せている物件をそのまま気にいってもらっては困る、ということです。

お客が利益率の低い物件を希望すると、その物件をあきらめさせ、売りたい自社物件へ誘導するために色々なテクニックを使います。たとえば、Aという物件を見に来たお客にその物件の欠点を話します。そうすると、この人は正直な営業マンで信用できると思ってもらえます。次にBという新築で土地も広いがちょっと不便な他社の新築を見せたり、Cという場所的にも家の広さも客の希望にぴったりであるものの、肝心の家自体がぼろぼろという物件を案内します。こうして、掘り出し物の物件はないというイメージをお客に植え付けていきます。

最後に、自分が売りたいDという新築で家も土地も小さいものの、場所も予算も何とか客の希望に合うような物件を勧めます。そして、客とコミュニケーションを取り信頼関係を築きながら、それとなく「不動産には同じものは二つとありません」と説明し契約を急がせます。

ただ実際には、このようにスムーズに話が進められるほど簡単なものではありませんでした。その理由は、

・ただでさえ不動産屋と聞くと、何か怖いイメージがある。

・俗に《夜討ち朝駆け》と言われるように、一度問い合わせしたら相当しつこく営業されるのではないかと思われている。
・客が問い合わせしてきても、営業マンに案内されるのを嫌がり、物件の住所だけを聞き出そうとする場合が多く、しかも不動産屋慣れしていて、あちこちの不動産屋に問い合わせをしている客も多い。
・不動産営業には土地や建物、税金、ローン等の複雑な知識が必要。
・それに加え、客とのシビアな駆け引きや競合他社との顧客の奪い合いがある。

といったことがあるからです。それはそれは厳しくハードな職業なのです。

## 不動産業で学んだこと

「これからの時代は不動産だ。楽して儲かる」などと勝手に思い込んでいた僕は完全に自信を失い、営業成績の上がらない毎日が続きました。そして、毎月の営業会議では、松方弘樹そっくりな社長に怒鳴り散らされていました。そんなきつい状況にいても「もっと楽して儲かる商売はないだろうか？」という考えだけは変わりませんでした。そして、また転職を考えるようになりました。

ただ、今振り返ってみると、当時20代の僕が嫌々ながらやっていた不動産営業の中にも色々な営業テクニックが隠されていたように思います。それはこんなことです。

---

警戒心丸出しの人に対して、少しでも共通点を探すことで、警戒心が解けるようになる。

親子ほど違う年配の人に自分を信頼してもらう方法としては自分の親の話が一番効果的。自分の子供とダブって見えたり、一人っ子の自分が親のことを心配げに話すと、親思いの良い兄ちゃんだと感じてもらえる。

相手との話の端々から何を求めているのかを感じ取る。

迷っている人に対して背中を押す、というよりむしろ突き飛ばすくらいの強引さで契

---

約を結ぶ。

実は、このことは今役立っていることなのですが、それらが当時の僕に無意識に刷り込まれていったように思います。

## 未知のネットワークビジネスへと進む

そんな折、実家の父親が病気で倒れ、不動産会社を退職し地元に帰ることになりました。地元に帰ってからも、僕は「何か楽して儲かる仕事はないものか」と相変わらずの怠け癖全開でした。

そんな僕の元に昔の知人から久しぶりに電話がありました。長々と世間話や報告をしあった後で仕事の話になりました。その知人は「儲かる話があるぞ」と言い、あるビジネスの説明会に行くことを勧められました。僕もぜひ聞かせてほしいと思い、そのビジネスの説明会に行くことにしました。

数日後、会場となっていた地元の文化ホールへ知人と行くと、入口に「○○新規事業説明会」と書かれていました。その部屋に入ってみると、中には20～30人くらいの老若男女がいました。しばらくして、説明会は始まりました。そのビジネスで成功しているらしいスーツを着た男性が話し始めましたが、それは当時の僕が全く知らないネットワークビジネスでの組織販売の説明でした。

仕事の内容はこうです。会社が用意した商品を自らが愛用しつつ、自分と同じように愛用しながらその商品を広げていってくれる人たちを口コミで探す、というものです。

ある程度の年齢になれば一度や二度は友人知人からお誘いを受けた方も多いでしょうが、初めてネットワークビジネスというものを聞いた僕は「これはすごい！　こんな仕事があったんだ！」と思い、「これこそ自分が探していた〝楽して儲かる仕事〟だ」と喜び、小躍りして帰りました。

ところが、聞くとやるとでは大違い。現実は思い通りには進んでくれませんでした。世間の多くの人たちは、ネットワークビジネスに対する誤解や偏見が強すぎてなかなか納得してくれなかったのです。

ネットワークビジネスはいわば口コミ商法ですが、当時は一種の「ねずみ講」のようなものと思われていたのです。そのため、一度手を出すと、友人関係が崩れたり、最悪の場合は家族まで巻き込まれて大変な目にあうと思われていました。収入は安定しないし、県外の友人知人にも伝えに行くために経費もかかります。結局楽して儲かるどころか、細かい苦労の連続でへとへとになり、また新たな職探しを考える日々に戻りました。

## ネットワークビジネスで学んだこと

普通はここまで行くといい加減現実を見つめ、きちんと働こうと思うものです。しかし僕は、相変わらず懲りないで「何か楽して儲かる仕事はないか」と考えているようなどうしようもない男でした。ただ、今思えば、このネットワークビジネスという仕事で感じたこともありました。それは、こんなことです。

- 当時の僕を含め、多くの人は、情報は人に伝えれば勝手にどんどん広がっていくと思っている。
- しかし実際には、情報はそんなに簡単には広がらない。
- 仕事がうまくいかないと（情報が思うように広がらないと）、「会社が良くなかった」

とか「商品が良くなかった」などと言う。

・結局、「面倒なことはしたくないけど楽して儲けたい」と考えている人たちが多い。

僕は、ネットワークビジネスというものを否定はしませんが、こうした人たちがいかに多いかということに気づきました。

## ある日、結婚相談所の責任者から電話が

そんな折、昔からの知り合いの女性から電話がありました。僕より少し年上でちょっとクセはありますが、なかなかヤリ手の女性です。最初は他愛もない世間話でしたが、しばらく話をしていると、彼女は「今結婚相談所の責任者をしている」と言います。それを聞いて、僕は「結婚相談所？　独身の男女をお見合いさせる仕事？」と思いました。結婚相談所という職業は聞いたことがありましたが、どんな仕事か知りませんでしたし、第一そんなものが儲かるの？と思いました。

ところが彼女に聞くと、これがなかなか儲かる仕事だと言います。詳しく話を聞くと、

世の中には結婚したいのに出会いがなかったり、消極的で自分から女性を見つけられない30代、40代、50代の未婚男性が驚くほど多いと言います。そして、その親たちが息子や娘(多くの場合、息子ですが)の事を心配し、何とかしたいと思い相談に来る人たちが沢山いるとのことです。

仕事の流れを聞くと、結婚が決まったらお礼を受け取る、という一般の人たちが思っている個人の仲人さんのようなものと違い、基本的に入会する時点で数十万円単位の高額な入会金がかかると言います。そんな高額のお金を払う人がいるのかと疑問に思いましたが、彼女は「ほとんどの方が納得して支払う」と言います。もちろん入会したからといって結婚できる保証はないし、結婚が決まれば別途成婚料金ももらっていると言います。

## これこそ長年追い求めていた楽して儲かる仕事そのものでは?

その後、彼女から興味深い話がありました。彼女は今の会社の社長に不満があり、実際に営業している自分たちの給料が少ないと愚痴を言い出したのです。単なる愚痴かと思い、面倒くさいなと思っていた僕に、彼女は驚くようなことを言ってきました。

「自分を含め、今メインで働いている人たちを連れて独立したいと考えているが、やはり男の人が社長じゃないと親御さんたちから信用されないんじゃないかと思い、あなた、会社をつくってもらえない？」

さらに彼女はこう言います。

「会社さえ用意してくれれば仕事は私たちがするし、今まで通りの営業をしていたらかなりの売り上げになると思う。あなたの収入も今よりずっと多くなるはず」

彼女の申し出は、僕が長年追い求めていた楽して儲かる仕事そのものでは？と思いました。その反面、これまで幾度となく挫折を繰り返し苦汁を飲まされ続けたせいでしょう。何か話がうますぎるな、と思いました。また、失敗したときのリスクを僕にかぶせるつもりなのかもしれない、とも思いました。

そこで僕は、少し時間をくれないかと彼女に伝えました。しかし、元来の怠け者で、めんどうくさがり屋のくせに楽して稼ぎたいという都合のいいことを考え続けてきた自分に、この話はものすごいチャンスに思えて仕方ありませんでした。念のためその会社の情報を色々調べてみると、売り上げも結構多く、社長も外車に乗っているようでした。結婚相談所というものがあるとは知っていましたが、興味や関心を持った事はありませんでした。ましてや数十万円の高額な会費を払ってお願いする客が沢山いるという現実は、当時の僕からすると理解しがたいことでした。

ただ僕の感覚などは二の次で、そういうお客が沢山いるからこそビジネスとして成り立つのでしょう。まして、これはサービス業であり、仕入れや在庫など必要ないし、難しい知識もいりません。多少の迷いはありましたが「もしやこれは案外面白いではないか？」と思いました。

なぜそう思ったかというと、在庫や知識が不要なだけではなく、先にお話したように、僕が長年追い求めていた楽して儲かる仕事そのもの、という感じがしたからです。僕にとって、それはとても大きな魅力でした。そして、リスクと魅力を天秤にかけた結果、やはり魅力のほうが勝っていました。また、自分が置かれた状況を考えれば、何かを始めなければならないのは確かでしたので、彼女に連絡をし、やってみると伝えました。
こうして僕が社長になり、法人（株式会社）を設立しスタートすることになりました。

## 仲人営業を全員辞めさせた

しかし、手持ちのお金が底をついていたため、とにかくできるだけ費用を掛けずにスタートする事にしました。よくある駅前のこじゃれたビルのオフィスなど当然借りられるわけもなく、事務所は自宅の一室に設け、電話だけ新しく引きました。このように言うと、「自宅の一室で開業できるの？」と思うかもしれませんが、この仕事は仕入れや在庫が不要です。だから、事務ができるスペースと電話があれば十分に開業できます。また、人に会うのは、何も事務所でなくてもよいのです。僕の場合、お客のお宅に直接出向きますので、取り立てて立派な事務所など必要ありません。

見栄えのいいパンフレットなどももちろんありません。住宅地図だけはどうしても必要なので用意しました。これで小さいながらも一応は一国一城の主です。どんどん稼ぐぞと僕は張り切っていました。

ところが、事務所を開いて1か月ほど過ぎたころ、この話を持ってきた僕の知人女性を中心とする仲人営業の人たちが「いいアポがなかなかない」だとか、「最初だから訪問する家もなかなかないわね」などと愚痴を言いながら朝から事務所でゴロゴロし始めました。お昼にもならないうちから持ってきたお弁当を広げ、1時になっても2時になってもおしゃべりばかりです。

しゃきっとしていたのは最初のうちだけでした。もちろん仕事は激減、というかほぼゼロで、みんなそれぞれ勝手なことを言い始め、収拾がつかなくなってしまいました。そして、やがて給料の支給が遅れたり、払えなかったりしてもめるようになります。仕事が激減していることを強調して強引に納得してもらおうとしましたが、結局ダメで、全員に辞めてもらうことになりました。

こうして、会社という名ばかりの器を残したまま、僕一人で新たにスタートする事になってしまいました。

## ある日、すごいダミ声のおばちゃんから電話が

結婚相談所の基本的な流れやシステムはだいたい分かりましたが、このまま自分一人でどこまで出来るのか非常に不安な状態に追い込まれました。営業をかけるにしても、僕のような男が１人でどうやってお宅訪問すればよいか分かりません。やはり、女性仲人さんを雇わなければならないのか、と悩んでいました。そして、仲人をしている人や仲人経験のある人がいたらぜひ紹介してほしいと友人知人に片っ端から電話をしました。

そんなある日のことです。僕の所にすごいダミ声のおばちゃんから電話がかかってきました。話を聞いてみると、僕の知り合いから紹介されたと言います。そこで、とりあえず会って詳しく話を聞くことにしました。

そのダミ声の70近くのおばちゃんは大原さんといい、若いときから仲人をしていたそうで、僕の所で働いてみたいとのことでした。あまりあてにはしませんでしたが、とにかく１人でも会社に仲人経験者がいるという事で、そのうち仕事につながればラッキーかな、くらいに思っていました。

## 驚き！方言丸出しのダミ声で次々にアポをとったおばちゃん

翌日から大原さんは出勤してきて、僕に独身者の情報はあるのかと尋ねました。以前いたテレアポ女性がかけていた名簿がそのままになっているだけで情報は何もないと言うと、大原さんはその名簿を見て電話をかけ始めました。

一般的に、電話で何かを勧誘するテレホンアポインターと言えば、丁寧な言葉使いの若い女性をイメージしますが、大原さんは方言丸出しで、しかもすごいダミ声です。ちょっとまずいんじゃないかと心配しつつ聞き耳を立てていると、まるで井戸端会議で世間話をするようにしゃべっていると思ったら、簡単にアポを取っていきます。これはきっとたまたま電話を掛けたお宅が良かっただけだろうと思っていたのですが、その後も次々とアポを取っていきます。

しばらく感心しながら見ていると、大原さんは出かける準備を始めました。僕が「今日はこれで終わりですか」と聞くと、「今からアポが取れた家に一緒に行こう」と言います。
こうして僕は大原さんと一緒にアポを取ったお宅へ出かけることになりました。

大原さんと僕が最初に訪問したお宅は、30代後半の息子さんを持つお宅で、ご両親が迎えてくれました。大原さんが「先ほど電話したものです」と満面の笑みとダミ声の方言であいさつすると、玄関先に出てこられたお父さんもお母さんも全く警戒せず、「今どき仲人さんなんて珍しいですね。昔は当たり前でしたけど」などと言いながら、どうぞどうぞと中へ通してくれました。

僕が一人で何度か他のお宅へ訪問したときには、とてもこんな風にはいきませんでした。ご両親からすると、自分の息子や娘とそんなに年も離れていない男が一人でやってきたら、仲人もなにもあったものではないと感じるはずです。だからほとんど玄関払いされていました。これに対し大原さんは、相手に警戒心を与えず、まるで昔からの知り合いのように話し出します。ご両親も、息子がいい年になっても出会いがなく、どうすればいいのか困っていたそうで、歓迎ムードで話が進み全てが順調でした。

一緒にいる僕にご両親が「親子でやっていらっしゃるのですか?」と聞かれました。すると、大原さんは僕の方を見て、「この人は、運転の兄ちゃんです」と笑いながら社長である僕を紹介しました。あえて僕を社長と紹介しなかったのは、ご両親に余計な警戒心を与えないためでした。

## 髪の毛が薄く　うだつの上がらなそうな男性なのに……

こうして話はさらにスムーズに進んでいきました。しばらくして、大原さんはおもむろに、なるべく最近撮った息子さんの写真がないかご両親に聞きました。すると、お母さんが、去年の秋に親戚が集まった時に撮ったものがあると、息子さんの写真を持ってこられました。ご両親からすると自慢の息子でしょうが、僕が写真を見た限り髪の毛も薄く、うだつのあがらなそうな男性にしか見えませんでした。

しかし、大原さんはその写真を見て「立派な息子さんですね」と褒め出しました。しまいには、「私がもっと若ければ嫁にしてもらいたかった」などと褒め言葉やジョークでご両親を上機嫌にしました。そして、「大原さんにすべてお任せしますので、よろしくお願いします」と言ってくれました。こうして「この息子さんなら大丈夫です！　任せてください」と話を進めることになったのです。

## またも驚き！その日のうちに50万円以上の入会契約が完了

横で黙って聞いていた僕は「お互い費用の事を何も話していないが、どうするんだろう？」と心配していたところ、大原さんは

「今は昔と違い、私たちのやり方も変わり、結婚相談所という形をとっています。お願いされる時に入会金という形で費用が掛かるのですが……」と実に自然な雰囲気でさらっと話し出しました。この短い時間で、完全にご両親との信頼関係が築かれていたので、何の問題もなく了解され、その日のうちに50万円以上の入会契約が完了しました。

このように言うと「そんな短時間で契約が取れるの？」と疑問に感じるかもしれません。実は、短い時間内に、大原さんはあることをしていたのです。それをこっそりお教えします。

ご両親と話していると、大原さんはおもむろに携帯電話を取り出しました。そして、皆

の前で急にどこかに電話をかけ始めました。

「あぁーもしもし、私、大原です。いつもありがとう。先日聞いた高卒の娘さん決まった？　あっ、まだ？　良かったぁ！　今、いいお兄ちゃん見つかったのよ！　その娘さんにお似合いだと思うので、見合いの日時、また打ち合わせしましょう」

知り合いの仲人仲間だと思う人とこう話すと、ご両親はすっかり安心したのでしょう。息子さんとの見合いを決めてしまいました。

僕もご両親も、さすがベテラン仲人さんはやることも早いと感心していました。大原さんは、こんなことはいつものことですよ、と平然としていました。この一言を聞いて、ますます感心してしまいました。帰り道、大原さんにさっき電話で話していた女性の事を聞くとこう言いました。

「何言ってんのよ。今から探すのよ！」

僕はえぇぇーっと驚き、じゃあ電話でどこの誰と話していたのかと聞くと、なんと「自分の家にかけて、耳の遠い旦那さんに向かってかってに喋ってただけだ」と言います。僕が心配そうな顔をしていると、「探せば必ず見合い相手は見つかるし、結果的になかなか見つからなくても、ご両親に前話した女性はダメになったが、今別の女性を懸命に探していますと話せば大丈夫」と言います。そして、最後にこう教えてくれました。

「お客さんへの営業の際、多少のオーバートークでも、まずこちらの仲人としての力量や情報力をガツンと魅力的に見せつけて、一気に契約へ持ち込むことが大事なんだよ！」

自分一人ではすごく難しいと感じていた仲人営業が、こんなにスムースに行くものなのかと驚くと同時に、この大原さんは何者なのだろうと思いました。帰りの車の中で大原さんに色々話を聞くと、彼女は若いころから仲人をしていて、お客から料金をいただいた上でお世話をしていたそうです。さらに、僕の地元でも有名な結婚相談所の名前を出して、十年以上前にそこの会社の社長から頼まれて色々とノウハウを教えたと話してくれました。そして、僕にこの業界で頑張っていくのなら、なんでも教えてあげると言ってくれたのです。

その後、大原さんの娘さんや、大原さんと仲良しの仲人女性も僕の所で働くことになりました。僕は毎日、大原さんの一語一句に耳を傾けながら、僕なりのノウハウやアイデアも取り入れ、毎月5人以上の入会契約がコンスタントにとれるようになったのです。

# 第2章

## 究極のアナログビジネス
## 結婚相談所

## 結婚相談所の基本はいたって簡単

皆さんは結婚相談所というものをどこまでご存知ですか？

合コンやお見合いの経験はあっても、自分や我が子の為に結婚相談所へみずから足を運んだことのある人は少ないのではないでしょうか。

そこで、結婚相談所（いわゆる仲人業）というものについて僕の知っている範囲でお話しします。

インターネットで検索したり、ＮＴＴのタウンページで「結婚相談」を探してみると、様々な結婚相談所があることがわかるはずです。テレビでＣＭを流しているような全国展開している大手会社から、地域密着型の会社、パーティー形式を打ち出している会社、個人事業に毛の生えた程度の会社等々、実に様々な結婚相談所があります。営業方法も色々なので、困惑するかもしれません。しかし、基本はいたって簡単で、その昔「いい子がいるんだけど会ってみない？」と言うおせっかいなおばさんがやっていたことが単にビジネス化していっただけのものです。

## 結婚相談所というビジネスに必要なもの

最初に、結婚相談所というビジネスを始めるにあたって、どんなものが必要でしょうか。

それは、

・車
・電話
・地図
・独身者の情報

たったこれだけです。これだけあれば誰にでも出来ます。難しい知識は必要ありません。色々な資格を取得したりすることもなく、登録も不要です。基本は昔からある仲人業なので、独身の男女を結ぶお手伝いをすること。これだけです。極端なことを言えば、今日からでもやろうと思えば出来ます。そして、こんなことも可能です。

・サラリーマンの男性が副業で平日の夜や土日を有効に使って活動する。
・主婦が日中の空き時間を活用して行う。
・定年後のお父さんが奥さんと二人でやる。

まだ若い男性や女性であっても、ご両親や祖父母・叔父叔母や知り合いのおばちゃんなど誰か年配の方に手伝ってもらえば大丈夫です。無理して事務所を構える必要もありません。自宅の一室でOKです。それでなんの問題もありません。

## こんな不安や疑問にお答えします

「仲人の経験がないから自分にはできない」

こう思われるかもしれませんが、なにごとも、誰しも最初は経験がありません。もし、過去に男女の友達を紹介した、なんてことがあれば、もう仲人経験者ということではないでしょうか。

「独身者の情報がないからできない」と言う人もおられるかもしれませんが、周囲の人に「仲人業を始めたので独身の人がいたらぜひ紹介して」と言えば、これでもう始められます。友人・知人・同僚などに独身者がいたら既に顧客候補ですね。さらに言うならば、日本全国の独身男女が顧客になる可能性がある、という事です。

## 少し計算すれば、〝なるほど〟と思えます

ここで少し計算してみましょう。

たとえば、入会金30万円のお客を一年間で3人獲得したとします。「30人」ではなく、たった「3人」です。4か月に1人のペースです。単純計算で1年間の総収入は90万円、月額にすると7万5千円になります。もし平日の仕事の後に、毎日3時間深夜の時給千円のアルバイトをしたとすると、日給は「3千円×25日＝7万5千円」となります。

さて、空いた時間で年間3人のお客を獲得するのと、仕事のあとで夜間のアルバイトをして月7万5千円稼ぐのと、どちらが大変か考えてみてください。そうすれば、結婚相談

業がいかに効率が良い仕事であるかがお分かりいただけると思います。

とはいえ、僕自身もそうでしたが、サラリーマンの経験しかないと、「お金は毎月会社から給料として受け取るもの」という感覚が強く、「自分で商売する」ことがピンとこないかもしれません。別の言い方をすると、「何かを提供して人から直接お金をもらう」という事に違和感を覚える、ということです。そんな方は、いきなり数十万円をもらうと考えず、もっとハードルを低くして、「一人紹介して何万円」というレベルで考えてもかまいません。まずは、自分の提供したサービスに対してお客から1万円でも2万円で稼いでみましょう。

## 気になる「成婚率」は？

これから結婚相談所を利用しようかどうか考えている人たちが一番気になるのは、ズバリ「頼んだら結婚できるのか？」という事でしょう。すなわち「成婚率」です。

「成婚率」というのは、登録した会員が無事に結婚までたどり着けた割合の事です。意外に知られていないかも知れませんが、結婚相談所の成婚率は10％以下です。これは私が勝手に言っていることではなく、結婚相談所の所轄官庁である経済産業省が行った調査結果です。ところが、この数値の2倍3倍の成婚率をホームページなどで表示している結婚相談所がたくさんあります。

なぜこうした違いがでるのかというと、これには成婚率の算出方法が関係しています。経済産業省の用いた算出法は「成婚者÷会員数」としごくまっとうでシンプルな計算方法です。これに対し、各社が行なっている計算方法は様々で、例えばこんな具合です。

・退会した会員が他社で成婚したケースを自社の実績に含めて計算する。
・会員数の母数をしぼって、成婚率を大幅に増加させる。

また、大手企業では成婚率を公表しているところもありますが、そのうちの数社では、数字に不正があったとかで以前テレビのニュースで報道されていました。ただ、通常は公表していないので（中小企業はもとより、中堅企業でも公表していません）、公表できるほどの数字になっていない、というのが現実でしょう。

とはいえ、大手企業などの場合、各中心都市の駅前の高層ビルにオフィスを構え、広告などもバンバン行っているので、かなりの利益が上がっているはずです。しかし、その利益の大半は成婚時の「成果報酬」ではなく、入会時にかかる「入会金」のはずです。経済産業省が行った調査の結果、結婚相談所の成婚率は10％以下で、成果報酬では成り立たないからです。

## 結婚相談所のジャンル別の特徴

次に、ジャンル別にそれぞれの会社の特徴を紹介します。

（1）大手の会社

テレビＣＭや有名雑誌などに広告を出しているような大手の会社は、コンピュータを利用して、登録会員のデータでマッチングし、その結果にもとづいて相手を紹介する、というシステムです。具体的には、自分のプロフィールと相手の希望条件をコンピュータに登録します。すると、会員の中から条件にマッチした相手が選び出されます。そのデータが毎月会員に送られてくる、という流れです。但し、会員が自分の住む地域や県内の女性を希望しているのに、コンピュータがマッチングしたという理由で、遠く離れた県外の女性や希望条件を満たしていない女性を平気で勧めてくるようです。

一見、時代の最先端を走っているように見えますが、提出書類等がかなり多く、登録条件も何かとうるさくチェックも厳しい割には、実際に入会してみると担当者の対応がそっけないほど事務的だったりします。したがって、親身なアドバイスはあまり期待できません。

こうした大手の会社は定期的に婚活セミナーなるものを主宰していますが、東京・大阪・名古屋など主要都市で開催されることが多く、しかもたいていは週末の夜です。これでは地方に住む人は参加しづらく、往復の交通費や宿泊費等など大きな出費もともないます。しかし、そうした負担を承知のうえで、無理して参加している会員も多数いるそうです。セミナーの講師として有名なコンサルタントの先生が紹介されたりすることが多いのですが、実際にはその先生は姿を見せず、その会社の女性幹部が延々と会社自慢をしているケースも多いそうです。その上、その会社で販売しているお見合い攻略ＤＶＤの購入を勧められたりします。

私の顧客にも以前大手の会社に入会していた方が多いのですが、入会後にマナーアップ講座などに参加するなど、追加で費用のかかることも多く、毎月女性のプロフィールが送られてきても、肝心の相手の女性が自分を希望しないケースも多いのです。

その結果、プロフィールばかり送られてきて、2年間で1度も会えなかったというケースがあるそうです。だから、大きく立派なビルにあるとか、オフィスがきれいだとか、豪華なパンフレットや凝ったつくりのホームページがあるとか、担当者がさわやかな人だったとか……そういう事ではその会社の良し悪しは判断できないと思います。

（2）中堅の会社

中堅の会社とは、タウンページや地方新聞・タウン誌などの広告で見られる地域に密着した会社です。具体的には、中小や個人企業主が全国仲人○○会や日本○○連盟などに加盟している会社が多く、マスコミで有名な〝カリスマ仲人〟などがいる会社や、個人が副業や趣味のレベルで行っているものもあります。このように、規模やクオリティーはまちまちです。

費用の設定も様々です。高めの入会金を設定しているところもあれば、入会金を低めにしてお見合い料を1回あたり1万円前後取っているところもあります。特徴は、大手に比べてスタッフによるサポートが手厚いことだと言われています。お見合い結果のフォローをしたり、色々な悩みを聞き、親身になって相談に乗ってくれたりアドバイスもしてくれます。ただし、会社や担当者によって対応のレベルがかなり違うので、その会社や担当者との相性をよく確認すべきです。

## （3）昔ながらの仲人さん

個人で仲人をしている人は全国的には減ってきているものの、まだまだ少なからずおられます。僕の知っている限りではほとんど高齢のおばあちゃんです。たいてい、せんべいやクッキーの入っていた大きな四角い缶の入れ物に、黄ばんだ写真と身上書をぎっしり入れて保管しています。それを見ると「いったい、いつから預かっているのだろう……?」と思ってしまいますが、本当に好きだから出来るんでしょう。

昔はこういう女性が沢山いて、あちこちの独身の息子さんや娘さんのいるお宅を訪ねてお世話をしていたのでしょう。そういう仲人さん達と話をすると「私らの若いころは嫁に嫁ぐまで相手の顔も知らないなんて事が普通だったんだけどねぇ」なんて、今の時代ではとても信じられないようなことを聞かされます。彼女らと一緒に喫茶店などにいると、さまざまな人に声をかけられたりします。やたらと地元の人たちに顔が利く証拠です。

費用は大体話が決まったらお礼をする、という昔ながらのやり方をする人が多いのですが、中には商売っ気の強い仲人さんもいます。お見合いを済ませて無事に交際が始まったら、半ば強引に結婚に持って行き、結納から結婚式場の手配、結婚指輪やドレス、着物、写真や新婚旅行まで手配します。挙句のはてには、やがて家族も増えるだろうからと、新車の購入を勧めたり、大きな家が必要になるからと、住宅会社やリフォーム会社を紹介するという具合に、近年活躍しているウエディングプランナーも真っ青なくらいの仕事っぷりです。

こうやって、熨斗（のし）屋さんから結婚式場、宝石屋さんから旅行会社、自動車メーカーや住宅会社等全て自分の知り合いの業者を利用させ、多額のバックマージンを貰っています。結婚を決めていただいたので、本人やご両親も仲人さんの紹介をむげにはできず、また喜びも手伝って、言われるがままになるケースも多いのですが、ほどほどに、と思います。

ちなみに、そんな仲人さんは大抵、大きくて立派な家に住んでいます。

## （4）自治体運営

民間の個人ではなく、地方自治体がお見合いやパーティーのサービスを提供しているケースがあります。最近話題になっている、「メガ合コン、街コン」です。ところが、ここでの成婚率も良いとは言えません。国や自治体が財政難なのに、「税金を使ってまで運営を主宰する必要があるのか？」という世間の声に押され、廃止してしまった自治体もあります。

国の婚活支援予算は30億円以上といいます。まさに税金のばらまきですが、僕の住んでいる地域でも婚活支援事業として婚活部門が開設されました。初年度は1年間で1500万円以上の多額の税金が使われました。地域の一等地にオフィスを構え、選任スタッフと120人ものサポーターを備え、一流の広告で華々しくTV・新聞等のメディア発信をし、「年間600人の登録、30組の成婚」と高々とのぼりを上げましたが、成婚数はゼロでした。なかなか難しいようです。

## （5）婚活パーティー

婚活パーティーに関する情報は、インターネット上に溢れかえっています。古くはとんねるずの人気番組を真似て当初は「ねるとんパーティー」と呼ばれていました。ちなみに、とんねるずの番組の内容は集団お見合いで、

1．自己紹介タイム
2．フリータイム
3．告白タイム

という順で進行していきます、これが現在の婚活パーティーの原型となりました。参加者は男女合わせて20名から40名程度で、男女の比率はおおよそ半々です。大抵は交通の便が良い駅の近くのホテルやイベント会場で行われます。料金は男性が５０００円から１万円位で、女性は１０００円から５０００円位です。時間は2、3時間程度です。

基本的な流れは割愛しますが、普通のおとなしい男性の場合、よほど条件が良くない限り、自分から積極的に女性にアプローチする必要があるので、うまくいくのはなかなか難しいと思います。参加している女性の中には、婚活とは違う目的で男性たちに狙いを定め

ている人もいるので要注意です。例えば男性に、自分のビジネスへの勧誘目的で近づいてきたり（保険やサプリメント等）、自分に関心を持つ男性に金品等を要求する――等です。

最近ではイベント形式の婚活パーティーも良く聞きます。バスの日帰り旅行や料理教室など、イベントと抱き合わせる形の婚活パーティーです。イベント自体を楽しむことができ、イベントを通じて相手の人となりを把握できるので、普通の婚活パーティーと比べたら自然な出会いを提供できると言えます。

ただし、基本はあくまでも短時間で行う集団お見合いなので、流れは普通の婚活パーティーと一緒です。どちらにしても、積極的にアプローチできるタイプでなければイベントを楽しむだけ、という結果になりがちです。

# 第3章

## 自宅訪問のコツ
## 警戒されないための面談技術

## 客から高い入会金をもらうためにしている僕の方法

一口に結婚相談所と言っても色々なやり方（形態）がありますが、ここでは僕のやり方を紹介したいと思います。

僕は、必ず「入会金」という名目で、お客から数十万円の前金をいただいています。もちろんちゃんと結婚相手は紹介しますが、成婚を保証するものではありません。

このように言うと、こんな疑問を持つはずです。

「保証もできないのに、どうやってお客にお金を払ってもらうのか？」

「保証もないのに、どうしたらお金を払ってでも頼みたくなるか？」と。

実は、僕も皆さんと同じ気持ちです。僕自身もいつも「どうやって結婚希望者に入会してもらい、お金を払ってもらうか？」と考えているのです。**仕事をする中で、８割以上は**

**このことを考えていますし、社員にもいつも考えるように促していました。**それほど大切で重要な事柄なのです。だから、皆さんがこのような疑問を抱くのは当然のことなのです。

こんなことを言うと、「そんなんで大丈夫か？」と不安になるかもしれません。でも、そんな不安は無用です。これからお話することは、すでに実証済みのことばかりですので、安心して読み進んでください。結婚希望者から高い入会金をいただくにはどうしたらよいか。この点についてお話しする前に、そもそもどんな人たちが入会金を払っているのかをお教えします。

おそらく多くの人が、「結婚を希望する本人が払っている」と思っているはずです。たしかにそうしたケースもありますが、実際にはこんな人たちが払っているのです。

- **両親**
- **祖父母**

結婚したい男性、女性の

- **親戚**
- **兄弟**
- **勤務先の社長**
- **友人等**

このように、実に多くの人から入会金をいただいています。しかも、本人に結婚する気がなくても、こうした人たちは入会金を払ってくれるのです。

とはいえ、こうした人たちがすぐに入会金を払ってくれるわけではありません。

いきなり「仲人です」と訪ねて行って、お客がお金を払ってでもお願いしたくなるようにするには、まずこの人なら信用できる、この人に頼めば必ず結婚できるという可能性を感じさせることです。別の言い方をすると、夢を与えてあげることが必要なのです。

とはいえ、つい先日まで全くの素人だった皆さんにそんなことができるのか？　この点はとても不安になると思います。そこでどうするか？

それはズバリ、お客の前で「自分が仲人業を始めたストーリー」を語ることです。

## 結婚希望者の前で「マイストーリー」を語れ

僕がこの仕事を始めたのは30代後半でしたが、当時も今も、男性依頼者の多くは40才前後です。そして、僕の会社のような個人レベルに近い結婚相談所では、その年代の独身男性に直接営業することは少なく、たいていその両親たちに営業をすることになります。したがって、契約や支払は、前項で見たように両親たちです。だから、僕のような自分の息子と変わらない年齢の男が「仲人です」と訪ねてきても説得力ゼロです。大手の結婚相談所のスタッフの一員としてなら通用するかもしれませんが、個人経営の結婚相談所の人間では通用しません。

この仕事は老若男女誰でも出来ると言いましたが、**仲人として一番説得力があるのはやはり年配の女性です。一番説得力のないのが若い男性です。**

そこで僕はどうしたのかというと、妻の実家に目をつけました。実は、たまたま妻の実家は昔から商売をしていて、個人の仲人さんが多く出入りしていたのです。僕が「結婚相談所をやる」と言ったら、仲人の皆さんが協力してくれると言ってくれました。

僕はお客に、自分が結婚相談所を始めるまでの経緯を話したり、妻の実家のことを話しながら「当方には独身情報が次々集まるのです」と言うようにしました。すると、それまで「あまり信用できそうにない若い兄ちゃん」と見ていたお客の見る目がこう違ってきました。

「この兄ちゃんなら、自分の息子の結婚を決めてくれるんじゃないか」と。

このように言うと、「自分には仲人業を始めたストーリーなんてない」と言われそうですが、実は、なくてもいいんです。無理矢理に考え出すんです。

たとえば、祖母が仲人をしていた等のストーリーでもいいです。昔から好きで男女の友人同士の出会いを設定していたとか、自分が見合い結婚で幸せになった縁で仲人を始めた、という具合に、好きで始めたようなストーリーも有効です。要するに、あまり深く考えなくても大丈夫、ということです。

次に、僕が日々行っている結婚相談所のノウハウ（のようなもの）を紹介します。

## 立派なオフィスも豪華なパンフレットも不要「テレフォンアポイントメント」で顧客開拓

僕の会社のような小さな結婚相談所は、全国ネットの大手企業のように街中の中心部に立派なオフィスを構え派手な看板を掲げているわけではありません。豪華なパンフレットがあるわけでもありません。ましてや高額な費用をかけて広告を出すなんてことは不可能です。

では、どうやってビジネスとして成り立たせているのか。

この点は、皆さんが最初に疑問に感じることだと思います。「立派なオフィスもなく、広告も何もせずどうやってお客を見つけるのか？」と疑問を抱くのは当然のことです。

はっきり言います。大手の会社のように悠然と構えた「待ち」の営業はできません。となると、自ら攻めるしかありません。

とはいえ、やみくもに攻めるだけではダメです。昔僕がやっていた飛び込み訪問営業の方法では、あまりもロスが多すぎます。普通の物品販売をする営業であれば、お客は若者から年配者に至るまで幅広い層が対象ですが、結婚相談所では結婚を望んでいる30代から40代の男女が中心です。だから、その人たちの情報を得ることが大切なのです。そのためにはどうするか？

それは、いわゆる「テレフォンアポイントメント」という方法を使います。簡単に言うと、色々な名簿（卒業生名簿など）を元に、30代40代男女のお宅に直接電話します。そして、結婚されたかどうかを聞き出します。ただし、その時にセールスをしたり、アポを取ったりはしません。この点は重要なので繰り返しますが、結婚しているかどうかを確認するだけで、セールスやアポ取りはしないのです。

皆さんも、健康食品や保険などいろいろな会社のテレフォンアポインターから電話を受けた経験があると思います。その時、たいていセールスされたり、アポイントを取られたりすると思います。

これに対し僕がやっている方法では、電話でセールスなどしませんし、通常のアポイント業務（入会意思の確認や訪問日時の確認）も必要ありません。というか、アポを取らなくても良いのです。**必要なのは電話を掛けたお宅に独身者がいるかどうかの確認のみです。サービスや費用の説明をしたり、何日の何時に訪問するといった約束を取ろうとする必要はありません。**驚かれるかもしれませんが、実は当の本人に結婚する気があろうがなかろうが、それすら関係ありません。

**とにかく独身者がいるかどうか！　それが全てです。**

電話を掛けるときは、この一点に集中します。そして1件でも多く電話を掛けることに注力します。早い話が、テレアポというより仲人をしているおせっかいな人が電話をかけてきたのかな？といった感じで電話をするのです。

## 方言丸出しの奥さんや母親やおばあちゃんでもなれるテレフォンアポインター

僕がこの仕事を始める前に、自宅に結婚相談所から電話がかかってきたことがあります。母が電話に出ましたが、きちんとした言葉遣いの女性テレフォンアポインターが丁寧に話してこられたそうです。ところが母は、話の途中でこう言って電話を切ってしまいました。

「結構です！　うちには独身はいません！」

おそらく実際にこうしたテレアポがあると、たとえ独身者がいても、母のように答えるケースが多いと思います。ところが、地元の方言丸出しで、こんなふうに聞かれたらどうでしょうか？

「嫁さんもらうお兄ちゃんか、まだ嫁に行ってないお姉ちゃんいるって聞いたんやけど」

こんな感じで聞かれると、年頃の息子や娘を持ち悩んでいるご両親は、

「ええ、実は困っているんだけど、本人にその気がなくてどうすればいいのやら」

なんてつい愚痴りだしたりします。

この程度の電話であれば、特殊な技術がなくても簡単にできます。個人の能力の差や努力の有無も関係ありません。自分の奥さんや母親やおばあちゃんなど誰でも出来ます。世の中には凄腕と呼ばれるテレフォンアポインターの方たちがおられるのも事実ですし、も

のすごく厳しい研修を行う会社もたくさんありますが、この電話の仕方は、そうしたものとは無縁です。本書で僕がお話しすることは、本当に誰でも出来ることばかりです。そうでないと意味がありません。

ただ、一つだけ意識してほしいことがあります。次に、この点についてお話します。

## 相手の警戒心を解こう
## そのためには格好をつけずに「地」で行くこと

一つだけ意識してほしいこと。それは『相手の警戒心を解くこと』です。

住宅展示場などに行ったことがある人ならお分かりだと思いますが、いきなり住所や名前、連絡先などを聞かれたりします。でも、警戒してなかなか答えられないはずです。これと同じで、知らない人を目の前にすると、ほとんどの人が警戒心を持ちます。

だから、世間話など共通の話題を探して警戒心を緩め、上手に情報を引き出さなくてはなりません。実際、そうしたテクニックを身につけ、それを自在にあやつる営業の人もいます。そんな人を見ると、つい営業を難しく考えたり、小手先のテクニックを身につけようとしたりします。そして、本屋さんに行き『テレアポの極意！』等のテレアポテクニック本を読み漁ったりします。しかし、そんな必要はありません。なぜならば、テクニック本を読んでも、その通りに話せる人なんてまずいないのですから。

ではどうすればいいのか。最初から「普段着の自分」で話せばよいのです。違う自分を無理に作ったりせず、飾らずに「地」で行けばよいのです。先に紹介した大原さんのようにすればよいのです。たとえば、こんな具合です。

「今どきは、結婚していないのが不思議なくらいのいい息子さんたちがたくさん残っているわ。ほんと、ちょっとしたきっかけがあれば、すぐにいい娘さんと知り合えるんだけどね～」

「この前、ずっとひとりでいたいいお兄ちゃんが、かわいいお嬢さんを嫁に貰ったんだけど、そのきっかけは見合いだったんよ。今どき見合いなんてと思うかもしれないけど、こんな出会いの無い時代だからこそ私ら仲人は必要なんよ」

「わたしら、ひとりもんのお姉ちゃんをたくさん知っているけど、相手の人柄を重視するお姉ちゃんは多いわ。この前も、あるお兄ちゃんを紹介したら、ちょっと背は低いけど人柄がいいから、と言って付き合い始めたわ」

こんな感じで、近所のおばさん感覚で親しみやすく話されるのと、上品で丁寧だが事務的な流れで話されるのと、どちらが心を開くか？　自分ならどう話されたら警戒しないか？　こんなふうに逆の立場で考えればわかると思います。とはいえ、どうしても難しいと感じたり、電話はちょっと苦手で……なんて人もいるはずです。そんな人は誰かほかの人に電話をかけてもらえばよいのです。要は、あまり固まってガチガチに考えるのではなく、気楽に構えればよい、ということです。

## 独身男女の情報はこうして集めよう

このテレアポの他に、もう一つ大事なことがあります。それは、独身男女に関する情報をできるだけたくさん探すことです。この仕事の基本となる対象は独身男女ですので、とにかくありとあらゆる方法でその情報を探すことです。

たとえば、こんな人たちにあたってみることです。

・自分の知り合い
・知り合いの知人
・現役仲人さん
・仲人経験のある人
・友人知人の彼氏彼女を紹介したことがある人
・友人知人などに彼氏彼女を紹介するのが好きな人

このように、とにかく自分のありったけの人脈を駆使して、片っ端から独身男女の情報を集めることにエネルギーを注ぎます。

そんな知り合いはいないし友人知人も少ない、という人は、私が以前やっていた仕事で教わった『リストアップ』という方法をお勧めします。ご存知の方も多く、特に難しいことではありません。

まず、ノートを1冊用意します。そして、自分が知っている人を片っ端から書いていきます。たとえば、

・自分の親、兄弟、親戚
・友人、知人
・仕事関係の人
・同級生
・近所の人
・スポーツジムや居酒屋、パチンコ屋などで会う人
・通勤途中で会う人等々

こんな具合に、どんどん書いていきます。「顔は知っているが名前は知らない人」でも構いません。とにかく書き足していきます。ちなみに、書ける数は、自分の年齢の約10倍が目安と言われています（40才なら400人です）。このように言うと、「自分には無理」と思うかもしれませんが、実際にやってみると意外といるものです。

次は、リストアップした人たちに、こう頼むのです。

「自分は結婚相談所の仕事を始めたので、仲人さんや、仲人をしたことがある人や、独身男女を紹介するのが好きな人がいたら、ぜひ紹介してほしい！」

それも1度きりではなく、定期的に連絡してお願いします。男性1人で結婚相談所を始める場合は、特に力を入れて真剣に行なってください。仲人さんや独身男女の情報を持っている方を1人でも見つければ、その方々が知っている男女に自分の所に入会してもらうようにお願いすることもできます。もしそれが無理でも、すでに自分の所に入会している男女とのお見合いの組み合わせの幅が一気に広がります。

ベテランの仲人さんであなたに協力してくれる方が見つかれば、大原さんに協力してもらった僕と同じように、あなたも「うちにはベテランの仲人さんがいます！」と言えるので、ビジネスも一気に進展するはずです。

## 気になる仲人さんたちへの報酬は?

気になる仲人さんたち協力者への報酬ですが、仲人さんたちは大別すると次の2つに分けられるので、それに応じた報酬を提供することになります。

①お金で動く人

この場合、報酬は先行投資と考え、割り切ってお礼をします（お金で報酬を支払います）。報酬は一概にいくら、とは言えませんが、大まかな目安は次のとおりです。

・当方の男性顧客に女性を紹介してもらう場合＝

基本的に仲人さんに五千円のお礼をしていました。もちろん単なる紹介ではなく、見合いすることが条件です。

・当方に入会してくれる人を紹介してもらう場合＝

契約料金の最低10％を目安にお礼していました。

なお、仲人さんへの報酬については後述するので、詳しくはそれを参考にしていただければと思います。

②露骨な金品提供に抵抗を示す人

意外に思うかもしれませんが、こうした人も少なからずいます。そういう人には誠意をもって対応します。具体的には、金品以外のものでお礼をします。

たとえば仲人の息子さんが郵便局勤務なら定期預金をしたり、年賀はがきを購入するなどして色々協力をしたり、仲人さんが生命保険業なら保険加入のバーターなどします。こうしたお礼の仕方は、かえってあれこれ振り回されたりすることがあるので疲れます。正直なところ、お金でお礼する方がこちらもスムーズで助かるのですが。

ただ、本当に金品提供に抵抗がある場合はあまりなく、お金にがめついとか、お金で動くと思われたくないことがほとんどです。だから、こちらがいくら払います、などとビジネスライクな話し方をせず、商品券等、形を変えたもので、「お礼ですから」と言えば、まず受け取ってもらえます。

なかには見返りを求めない仲人さんもいます。そういう仲人さんは高齢で一人暮らしの方も多いので、たまにお宅を訪ねると大変に喜ばれたりします。ですので、とにかく定期的に顔を出すことが一番のお礼になります。

## 事前に連絡せずにいきなり訪問しよう

独身男女の情報が集まったら、いよいよお宅訪問です。

モノを売る仕事をしたことがない人にとっては、見ず知らずの人のお宅へ訪問するという事に抵抗があるかもしれませんが、これは慣れの問題なので心配ありません。アポイントの所でもお話ししましたが、私がやっている営業のやり方では、「何月何日何時にお伺いします」というアポイントを取らず、独身者がいるかどうかを確認するだけです。すると、こう思う方もいるはずです。

「電話でアポイントを取らなくても、訪問する時にはやはり相手に電話し、お宅にいついつ伺いますと連絡するのでは？」

**実は、事前に連絡せずに、いきなり訪問します。**この点が一般のセールス業との違いです。一般のセールス業の場合、訪問日時を事前に連絡するというのが礼儀で、それを無視すると非常識と思われ、セールスどころの話ではなくなります。

では、なぜ結婚相談業ではいきなり訪問するのかと言うと、事前に連絡すると、たいてい断られるからです。

僕が不動産業をしていた時の経験ですが、当時の不動産業者というのは、基本的に毎晩顧客のお宅をアポなしで突然訪問します。目的は1つで、販売したい不動産物件を見てもらう約束を取り付けるためです。購入に繋げるためには土地や家などの物件を見てもらわないと始まりません。

「じゃあ、いちいち訪問しなくても電話で約束すればいいのでは？」と思うかもしれませんが、これではほぼ１００％、「結構です！」と断られるでしょう。突然自宅に押しかけて話をするからこそ案内の約束を取り付けられるのです。もちろんいきなり押しかけるのですから、不審に思われたりお留守だったりとロスも多いですが、得るものも大きいのです。人は、相手の顔を見てはっきりと拒絶しにくいものです。皆さんも経験があると思いますが、電話セールスの類には結構きつく断ったりできますが、いきなり訪ねてこられて、しかもなかなか感じの良い人だったりすると、面と向かってはそんなにむげには断れないものです。

アポイントの所でも説明しましたが、電話ではあえて詳しい説明やセールス的な話をしません。独身者がいるかどうかの確認をするだけです。確認できたら、あとは事前に連絡せずに、いきなり訪問してしまうのです。

とはいえ、ただ訪問さえすればよいというものではありません。その際には注意すべきことがあります。まずは服装です。次に、この点についてお話しします。

## 通常のセールスとは異なる「訪問時の服装」

訪問するときの服装は、営業だからといってきちっとした格好をする必要はありません。男性のスーツやネクタイ、女性でもスーツ等はビジネスっぽくなり、かえって警戒心を与える可能性があります。あまりにもラフで失礼な感じでなければ、普通のちょっと出かけるような格好で良いと思います。

僕が不動産業をしていた時の経験から言いますと、ビシッとしたスーツも良いですが、Yシャツにネクタイをし、その上に小奇麗な作業服を羽織ったりすると、ぐっと親近感が出ました。それと同じ感覚でよいと思います。訪問先は、日中お母さんやおばあさんなど女性が1人でいるケースが多いので、とくに男性の場合、警戒心や威圧感を与えないように注意します。

たとえば、伊達メガネをかけたりして雰囲気を和らげたりするのもいいです。ビジネスバッグやブランド品の鞄などを持って入ると、いかにもセールスという感じがして警戒されます。地方では車で訪問するケースがほとんどですが、大きくて高そうな車もあまり良くないイメージを持たれるので注意しましょう。

まだ年齢の若い男性や女性が結婚紹介業を始める場合は、仲人ですと言って家を訪ねても怪訝に思われます。向こうにしてみれば、自分の息子や娘ほどの年齢の者に仲人ですと言われても全く説得力がないからです。

そういう場合は「母や叔母、祖母と仲人をしています」などと話すことです。そうすれば納得してもらいやすい。可能であれば、訪問の際に実際にお母さんや叔母さん、おばあちゃんなどを連れて行くと随分と雰囲気が和らぎます。もちろん、連れていくのは全くの他人の年配女性でも構いません。私は以前、一人で訪問していましたが、何を聞いても、相手は当たり障りのない話しかしてくれませんでした。

ところが後日、全くの素人の高齢者の女性を連れて同じお宅を訪問したところ、こちらに対する雰囲気が全然違いました。警戒心なく、独身の息子に対する思いや悩みを同行した初対面の高齢者の女性に親しげに話し出したので驚きました。

**この仕事は高齢者の女性というだけで一つの〝ブランド〟なのです。**

このように言うと、男性ではダメ、と聞こえるかもしれません。でも、決してそうではありません。次に、この点についてお話します。

## 名刺に「横文字の社名」と「CEO」の肩書はダメ 通常のセールスとは異なる「名刺」がよい

結婚相談所という仕事は、一概に男性だからダメ、というわけではありません。ただ、何度も言うように、仕事をうまく進めるためには、相手の警戒心を解いたり、安心感を与えることが大切です。そのこと神経を集中させるのです。ところが男性の場合、営業する際に、往々にして色々なパンフレットや名刺などのツールを用意したがります。

たとえば、名刺だけを見ると、何か東京のＩＴ企業の代表のような横文字の社名に、自分の肩書を「ＣＥＯ」などと書いたりします。格好はいいですが、お客さんには何者かがさっぱり分からず、かえって警戒されてしまいます。

どうせお金をかけるのであれば、名刺に自分の似顔絵や写真を載せたり、パンフレットに自分の家族や日々の活動、趣味などを入れるなどしたほうが良いのです。そのほうがはるかに親近感を持ってもらえるので効果的です。

男性の場合、副業だろうと何だろうと、自分がオーナーであるとつい格好つけたがりますが、それがかえって仇となるのです。

## 顧客の前で、個人の情報をどんどん開示しよう

私は一人で営業していた時は、相手の警戒心や不安感を解くために自分からどんどん自己開示していました。そして、その人と自分との共通の話題を絶えず探していました。たとえば、こんな話をしていました。

・自分は○○町の生まれで学校は△△
・以前は○○市で△△の仕事をしていた
・父親は○○町の出身で、△△の仕事をしていた
・母親は○○町の出身で、実家は農家
・妻は○○町の出身で、実家は△△の商売をしている

このように、それこそプライバシーもなく、自己開示というよりもすべてをさらけ出すような感じで話していました。すると、話をしていくうちに、結構共通の話題や共通の知り合いがいることがあって、そこから話がはずんだりします。仮に共通の話題がなくても、これだけ自分のことを話してあげると、普通のお客であれば親近感・安心感を抱き、警戒心を解いてくれます。言った後で困るような事もありましたが、そこは愛嬌です。

市街地の中心部に事務所をきちんと構えるのも良いですが、最初からそんなに無理して費用を掛ける必要はないと思います。もちろん、その方の考え方や予算なども関係しているので、ご自身の好きなようにやられてもかまいません。しかし、私自身はスタート当初からずっと自宅を事務所にしていて、それによって特に不便を感じたことはありませんでした。それどころか、そうしたことを相手に話すことで、積極的な自己開示ができたと思います。

**なぜならば、自分の家族も住んでいる場所を教えることになるからです。これこそ究極的な自己開示ではないでしょうか。**「自宅が事務所になっているような会社は不安だ」などと言われたことはほとんどないですし、かえって安心感をもってもらえたのでセールストークに使えました。

しかしながら、自宅での開業に不安を抱く方もいると思います。いきなり法人として活動されるならともかく、ほとんどの方は個人の仲人業として始められるので、それこそ自宅の一室で充分だと思います。見合いも喫茶店やホテルのロビーで行いますし、話も相手のお宅でするからです。事務所でお見合いや営業をしないのであれば、結婚相談所は倉庫も道具もいらないので、事務所自体が必要ないのでは、と思います。

ただ地方に住んでいる場合、敷地が広く、家自体が大きいので、事務所的なスペースが設けやすいといえます。僕の場合、自宅の敷地内にガレージがあり、その二階を事務所にしていました。

## 感じの悪い客はほとんどいない。でもたまにはいます そんなお客さんは突き放そう

前項で、「自宅が事務所になっているような会社は不安だ、などと言われたことはほとんどない」というお話をしました。すると「ということは、少しは言われたケースもある

では？」と思う方もおられるでしょう。そのとおりです。ごく稀にですが、「自宅が事務所」ということに不信感を抱く人もいました。そのほかには、これもたまにですが、一流会社やお堅い職業をされていたお父さんから、メガネをずらして上目づかいにこんなことを聞かれたこともありました。

・「会社が出来て何年ですか？」
・「これまでの実績は？」
・「仲人経験は？」

こんなことを聞かれたからといって、ひるんではいけません。こういう相手こそ、卑屈にならず毅然とした態度で接することがかえって効果的です。私はこういう場合、こんなふうに答えていました。

「会社も新しいし、まだ実績もたいしてありませんが、うちの仲人さん達は皆確固たる実績のある人たちですので、自信を持ってやっています」

それでも、なかには「あんたんとこ大丈夫かぁ～？」みたいな上から目線で突っ込みを入れてくる感じの悪い客もいます。そういう相手には、「うちもお客を選びますよ」という意思表示をする意味で、こう言っていました。

「お宅のようなご立派な息子さんをお持ちの方は、駅前の全国ネットの結婚相談所にでも頼まれた方がいいんじゃないですか？」

もっと感じの悪い人に出会ったら、こんなふうに突き放せばよいのです。

「人のことをどうこう言うより、そもそもその歳まで自分で女性を見つけてこれなかった甲斐性無しなんだから、どこに頼まれても難しいかもね」

「お父さん自身や、お宅の家柄がそんなにご立派なら、普通は放っておいても、お父さんの仕事の関係先や知り合いなどから息子さんに見合い話がどんどん来るんだけどねぇ。それが結婚相談所に頼まないと話が無いとは、どうしてですかねぇ～？」

## 自分が主導権を握ろう

これまで、僕が再三相手の「警戒心を解く」「安心感を与える」ことに集中する、と言ってきましたが、実はそのほかにもう一つポイントがあります。それは、自分が主導権を握るよう心がけていることです。要するに、お客さんのペースにあわせるのではなく、あくまでも自分のペースで対応する、ということです。

たとえば前項で紹介したような感じの悪いお客さんから色々突っ込まれたとします。その時に、変に誤魔化して説明をしたり、何か弁解じみた回答をすると、相手は余計に得意げにつべこべ言いだします。すると、またこちらも下手に説明するようになったりします。これでは相手に主導権を握られてしまい、たとえ契約になっても、「申し込んでやったんだ」「入会してやったんだ」みたいな話になってイヤな思いをしますし、後々トラブルになる可能性も高くなります。こうした事態を避けるためにも、こちらが主導権を持つことが大切です。

契約が取れていないときなど、何としても契約を取りたいという気持ちになるのは分かります。しかし、そういう時こそ「どうぞよそで頼んでください！」と突き放すのです。ビジネスですからすべての客と契約したいと思うのは当然です。しかし、断る勇気を持つことも大切です。それによって仕事がすごく楽になります。

本当によそで頼むと言われたら、縁がなかったと思いあきらめましょう。僕の経験上、突き放すと、7割くらいの人が意外にまた話を聞いてくるのですが。理想はお客にお金をいただいて、なおかつ「よろしくお願いします」と言ってもらえることです。

## 訪問したら こんなふうに切り出します

ここでは、人のお宅に訪問した際に、どういう切り口で話をしていくかについて説明します。

まずは、こんなふうに切り出します。

「私は仲人をしている○○と言いますが、お宅ではまだ結婚されていない息子さんか娘さんいらっしゃいませんかねぇ？」

こんな具合に、少しくだけた感じで切り出します。

すると、意外にすんなりウエルカム、となるお宅が多いのです。そういうお宅は、結婚されていない息子さんや娘さんの事で日々悩んでいることが多く、そこへ「仲人です」と訪ねていくわけですから、ウエルカム、となるわけです。

しかし、ウエルカムとならないこともあります。ストレートに「結構です！」と断るお宅もありますが、同じ断るにしても色々なケースがありますので、その対応法については後述します。

今ここで取り上げたいのは、「どこから聞いてきたのか？」と聞かれた場合です。最近、個人情報に敏感になる人が増えているので、単に断るだけではなく、個人情報の発信元を知りたがる人も多いのです。

このような問いかけには、こんな具合に答えます。

「この辺をいろいろ尋ねて歩き回っているときに、〝あそこのお宅にもいらっしゃるよ〟とお聞きしましたので……」

こう答えれば大丈夫です。そして、あまりその話で時間を取らないようにするのです。

それでもものすごくそこに拘る人もたまにはいます。しかし、そういう人は自分の家の個人情報がどこかで洩れているのでは？と神経過敏になっていたり、自意識過剰な人なので、どの道、難しいタイプといえます。ですから、それ以上深入りしない方が良いでしょう。正直に「先日卒業生名簿でそちらのお宅に電話したときに、独身者の方がいると言っていたので伺いました」と説明するのも悪くないですが、このようなタイプにそうした説明をすると、個人情報がどうしたとか、名簿はどこで手に入れたとか、話がどんどん複雑になりややこしくなる一方なので注意したほうがいいでしょう。

さて、切り出しがうまくいったら、しばらくはお父さんお母さんたちのお話をいろいろ聞いてあげてください。そして、コミュニケーションをはかりながら、頃合いをみてボランティアではなく費用がかかることを伝えます。

「もうお金の話をしてしまうの？」

と疑問に思うかもしれませんが、1時間、2時間も世間話をしてせっかく信頼関係が築けそうになっても、費用の話をした途端、「ボランティアじゃない仲人なんてとんでもない」と言われてしまえばそれまでです。そう言いだすお宅は顧客対象にはならないので、それまで会話していた1時間、2時間が無駄になってしまいます。

だから、早い段階でお金のことを話すのです。私が知っている上手な仲人さんも、訪問した際は話の流れの中でなるべく早めに費用がかかることを伝えています。

# 第4章

## いざ、契約！
## 入会に喜ぶのもいいが、
## 最後まで気を抜くな！

## 費用まで話したあとの話の流れ

さて、費用まで話すことができたら、その先に進みます。ここでは相手の反応次第でそのあとの流れも違ってきますので、それについて説明します。

### (1) 興味を示す相手には

相手とコミュニケーションをとり、ボランティアではなく費用がいることまで説明し、相手が興味を示したらこう言います。

「私のところは、これまで○○組近くまとめてきた70代のベテラン仲人が中心となってお世話をしています。費用はそんなに安くはないのですが、個人の仲人さんや、あちこちの結婚相談所に頼んだけれどなかなか決まらない方が、〝ある程度、費用がかかってもよいから、早く結婚相手を見つけてほしい〟と、毎月私のところに頼んで来ます」

このように言うと、より関心を示すようになります。続けてこう言います。

「20代ならのんびりしていても別にいいですが、30代半ばを過ぎると積極的にお見合いをして、一日でもはやく相手を見つけないとすぐに40才を過ぎてしまいますからねぇ」

こう言うと、相手も「たしかに」といった表情をするようになります。

要するに、関心がある相手には、ある程度の費用はかかるものの、ここに頼めば早く相手を見つける、ということをアピールするのです。

(2) 費用の説明をすると、〝なぜ最初に数十万円の入会金が必要なのか〟と聞かれた場合

費用がかかることは承知したものの、なぜ最初に数十万円の入会金が必要なのか疑問に思う人もいます。そうした人に、僕はこう答えています。

「一般的な結婚相談所は、顧客からいただいた費用が、立派なオフィスの高額な家賃などに消えていきますが、本来一番経費をかけなくてはいけないのは、結婚を考えている相

手を探してくることです。この地域にもまだ昔ながらの個人の仲人さん達がいますが、個人の情報量は限られています。私のところには実績豊富な70代のベテラン仲人さんが、この地域の仲人友達から得たたくさんのお相手を紹介してくれますのでスピードも量も全然違います。もちろん個人の仲人さん達には、最初お預かりした数十万円の中から前金である程度の金額のお礼をしてお願いしています。そういうことで、個人の仲人さん達もこちらに優先的にお相手を紹介してくれます」

このように言うと、相手は納得してくれます。

また、こんな言い方をすることもあります。

「個人の仲人さん達の多くは、自分のテリトリーを荒らされると思い、結婚相談所などのいわゆる〝業者〟を毛嫌いします。個人の仲人さん達は業者のように利益優先ではなく、趣味の延長みたいな感じでやっている人も多いからです。その際には、友人知人の子供さんや身内の紹介など、人間関係の濃い方たちの情報を扱います。そこに利益目的の業者が入り込み、高額な費用を取られ紹介がなかったりすると、紹介した自分の信用をなくすので業者を敬遠したがるのです。業者は情報交換もしてくれません。」
「私のところには実績豊富なベテラン仲人さんがいます。個人の仲人の皆様にも信頼され、こちらにだけは特別に身元のきちんとした方をたくさん紹介下さいます。だから、当方はこの地域の個人の仲人さん達の元請だと考えていただければよろしいと思います。これはどこにも真似できないことだと思っています」

このように説明すると、最初に払う数十万円は決して高くないと感じてもらえます。ただ、大原さんのようなベテランの仲人は最初からいないのがほとんどなので、このような説明はできないと思われるかもしれません。しかし、最初は奥さんやおばあちゃんなどに代役を務めてもらっても構いません。とにかく顧客へ結婚相手を探すためには費用がかかる、という事を説明してあげれば納得してもらえます。

（3）入会後の期間の話をする場合

入会後の期間について説明するときには注意が必要です。なぜならば、最初に期間を言ってしまうと、不都合な事態が発生することがあるからです。たとえば「期間が2年間で数十万円です」とつい言ってしまうと、必ずこんなことを言ってくる人がいるからです。

「じゃあ1年間で半分にしてください」

だから、費用は「最初に数十万円」と決めておくにしても、1年でいくら、2年でいくらということは相手に意識させないようにします。もし期限を設けるにしても、例えば2年契約なら、契約書には1年契約としておき、但し書きに「1年間で成婚に至らない場合、もう1年間に限り無償で延長可能」などと書いておくと良いでしょう。不思議なもので、そうすれば、「じゃあ1年間で半分にしてください」とは言われなくなります。

（4）値引き交渉をされた場合

なにかと値段にうるさい人はいるもので、こちらが言った通りに費用を払うのをよしとしないお客もいます。そんな人は、「すこしまけてくれ」「分割にしてくれ」「先に1度見合いしてから払う」などといろんな事を言ってきます。それを全て真に受ける必要はありません。なぜならば、単純に駆け引きしているだけのケースもあるからです。

たとえば、こんな人がいました。

契約がまとまり、集金日も決まったのですが、集金日間近にになって「料金を半額にしてもらえませんか？」と言ってきたのです。理由を聞くと、色々と出費がかさみ余裕がないと言うので、僕はこう聞きました。

「お母さん、半分しか払えないなら仲人さん達にも半分しか払えないよ。そうしたらサービスも半分になってしまうよ。どうしても払えないのなら残りは分割にして払えば？　月いくらなら払えるの？」と。

ちなみに、分割はしない、というのが基本的な方針です。また、駆け引きをするような話になることはまずありません。このようなケースは、駆け引きするというよりは、話の流れで本音を探りたいだけです。ですので、取りあえず値引きなどを言ってくる客に対しての対応と考えて下さい。ただ実際には、全く分割に応じない訳ではなく、事情を考慮し臨機応変に対応しています。

値引き交渉された相手に、分割の話を持ち掛けて、もし本当に支払がキツいがなんとかして頼みたいと思っているのなら、分割払いの話に乗ってくるはずですし、月々どのくらいなら支払えるか、真剣に相談してきます。分割の話に乗ってこないのは、全額払えないわけではなく、ただまけてもらいたい、単に全額払いたくないだけの客であれば、たいていボロを出します。案の定、このお母さんは「何となく言ってみただけ」と言いました。

（5）〝ご両親が納得しても本人が見合いするかどうか分からないが、〟本人に聞いてお見合いすると言えば入会する〝という場合

先ほども話しましたが、僕がやっている営業方法は、ほとんどがアポなしでそのお宅を訪ね、本人ではなく、そのご両親とお話しています。この場合、本人が見合いすると言えば入会するわけですから、当然期待度も高まります。

そこでまずは、ご両親から本人の情報を聞き、その年齢に合う具体的な女性の話をします。そして、ご両親にこう言います。

「〝仲人さんから見合いの話が来ている〟と本人に聞いてみて下さい」

## 「トラの巻」５箇条

１．本人への確認は「**どうする？　会うだけ会ってみれば？**」ぐらいに軽く切り出してみること。

↓　↓　↓

２．あくまでも決めるのは**本人**なので押しつけるような言い方は避けること。

↓　↓　↓

３．本人が「**いやだ！**」と言ったら無理押しせず一旦引くこと。

↓　↓　↓

４．本人が何も言わなければまず“**Yes**”のサインなので、こちらと相談して進めること。

↓　↓　↓

５．本人が「**会ってみる**」と言えば、すぐにこちらと相談して進めること。

ここからは慎重に進めないと、ちょっとした油断でせっかくの契約が水の泡となることもあるので気をつけます。ご両親には前頁（P．１１１）の1．～5．を伝えます。

この流れをご両親に念押ししておきます。

僕の場合、この5箇条を「トラの巻」と題し、それを印刷したものをご両親に手渡したりしていました。

次に、本人がお見合いしてみる、となってからですが、その時の最大のポイントは「費用」の事です。要するに、ストレートに「お金の話」をどうするか、です。基本的に、ご両親には「本人にはお金の話を内緒にするように」と説明していました。ましてや僕のように法人（株式会社）として運営していれば、社名を見てすぐに結婚相談所という事が本人に分かってしまいます。だから、ご両親にはお金の話を内緒にすると同時に、「会社」だとか「結婚相談所」とかいうことも本人に内緒にするようにしてもらいました。

なぜここまで注意するかというと、**ほとんどのお宅は両親がお金を払うものの、ご本人、特に息子さんは結婚相談所等に頼むのは非常に格好悪いことだと思っているからです。**ましてやお金をかけてまでお嫁さんを探すとなると、「自分はそこまで甲斐性なしなのか」とプライドを傷つけられてしまいます。やさしい息子さんなら、なおさら親に迷惑を掛けたくないと思い断ります。基本的には本人にはお金のことは内緒にして、ご両親の知り合いの個人の仲人さんだと説明します。そして、「たまたまお見合いの話を持ってこられた」と言ってもらうのです。

何度も言いますが、お金の話は細心の注意が必要です。先述したように、お金をかけてお嫁さん探しをすることがわかると、本人のプライドを深く傷つけることが多く、一度でも傷つけてしまえば、頑なになって、「俺は絶対に見合いなんかしない！」などと言い出したりします。最悪の場合、「結婚なんかしない！」といったことも起こります。「お金」や「結婚相談所」については、本当にしっかりと親に説明しておかないといけません。

「お前が甲斐性ないから、結婚相談所に金を払って頼んでおいたぞ！」

などと安易に本人にお金のことを話してしまったら最悪で、ダメになるケースが非常に多いのです。なかにはどうしても親子間での隠し事はしたくないとか、息子にいろいろ聞かれたらうまく話せるか自信がないなどと言うご両親もいます。その気持ちは大切で、正直に話してうまくいくこともあります。しかし、僕の経験上うまくいかないケースが多いので、この部分はご両親にも理解してもらうようにしてください。

また、「自分たちにはお金が無いので本人に払わせますから、本人に直接説明して欲しい」という両親もいます。しかし、経験上、これもうまくいかないことが多いので、やはり両親から話してもらうようにしたほうがよいです。

## (6)〝個人の仲人さんや知り合いに頼んでいるので大丈夫です〟と言われる場合

こういうお宅も多いですが、単に断り文句で言っていることもありますし、まだこちらに心を開いていないことも多いので、もう少し色々な話をしながら説明していきます。例えば、こんな具合です。

「私のところに頼んでいる人の中には、個人の仲人さんや知り合いに頼んでいながらお願いにこられた人たちも多いですよ。やはり一人からの情報では限りがあるので、短期集中で費用をかけてでもこの時期に一人でも多くお見合いをして早く結婚相手を見つけてあげたらどうですか？　若い時期ならいいですが、ある程度の年齢になると1年経つごとに条件も悪くなるし、よそのご両親もみなさんあちこちに頼んでいますよ」

こんな感じで話しながら、もう一度（1）から繰り返し、自分のところのアピールをしていきます。

## （7）本人がその気がなくて、と言われる場合

このケースも、単に断り文句のこともありますが、話をしていくと、本人が見合いしてくれるなら真剣に頼みたいと思っている場合も多い。一般的な方法は、まず本人に直接会って話を聞くことです。その場合、本人とこちら側の人間（仲人）との相性で大きく結果が変わったりするので注意が必要です。

本人が40代前半で、そこに30代の人間が仲人として「ご両親も心配しておられるので、ぜひお見合いしましょう！」などと話しても、説得力がありません。それどころか、自分より年下の人間にそんなことを言われたら気分を害するので逆効果でしょう。

得てしてこういう場合は年配の女性仲人が一番無難でしょう。

どちらにしてもその気がないと言っている本人を説得するのはなかなか難しく、僕の経験でも説得できる可能性は五分五分です。もしうまく説得でき、本人が見合いすると言え

ばその場合は（5）から説明しましょう。
どうしても本人にその気がなかったら、本人ではなく両親を説得します。「ご本人にその気がなくても、とにかく頼んでおけばどうですか？」と話します。ご両親は、本人にその気がないのに高い費用を払っても無駄になるのでは、と思います。そこで、こんなふうに話してみます。

「とにかく頼んでみて（ここではなるべく〝入会〟などと言い方は避ける）、ご本人に合いそうな相手の身上書を持ってくるので見せてあげたらどうでしょう。すると大概会ってみると言いますよ。もしそれでも会うと言わなければ休止にしておいて、定期的に別の相手の身上書を持ってきますよ。もし会ってみたい相手がいたら、すぐにでも見合いできるように準備しておきましょう。なにもせず放っておいても年齢だけがかさみ、全く前進しませんよ」

こんな具合に、少し強引にでも進めます。
ここで〝入会〟と言う言葉を避けたのは、ご両親に、「入会＝契約＝色々な規則がある」

ということを意識をさせないためです。要するに、楽な気持ちでとにかくお願いしておこう、という雰囲気にするのです。これで入会するケースは少なく、結局入会後何年たっても休止中というパターンは多いのですが、打つべき手は打っておくのです。

### （8）ほかの結婚相談所に頼んでいるという場合

この場合、どこに頼んでいるか話してもらえることもあれば、なかなか話してもらえないこともあります。しかし、地元で仲人業をしていると、その地域で活動している結婚相談所のことが徐々に分かってきますので、いくつか業者の名前を挙げてみたりしても良いでしょう。その上で、ちゃんと紹介もあり、満足していると言われたとしても、「はいそうですか」と簡単にあきらめないことです。そんなときは、こう言います。

「私のところに頼んでいる人たちの中には、一日も早く結婚相手を見つけたいと思い、2つ3つの結婚相談所に頼んでいる人が何人もいますよ！　本人の今のこの年齢の1年は非常に大切なので、多少費用をかけてでもどんどんお見合いすべきです！」

このように、1日も早く良い相手を見つけたいなら重複して頼むのは当たりまえ、と諭してあげましょう。

ほかの業者に頼んでいるがあまりお世話してもらえなかったり、サービス内容等に不満があり不信感を持っていたり、諦めている場合は、その不満等を聞いてあげてください。そして、相手の望む解決法があれば相談に乗ってあげましょう。但し、注意が必要です。その際には、その業者を誹謗中傷しないことです。他社を誹謗中傷すると、かえってこちら側にも不信感を持たれたりするので気をつけましょう。ここできちんと信頼関係を築けば、一度でもほかの業者にお金を払って入会したことのあるお宅は関心を持ち、こちらに入会してもらえる可能性も非常に高まります。その日、1度会っただけで話が進まなくても、何度も訪問してアプローチしましょう。

一度でもほかの業者にお金を払って入会したことのあるお宅は、こちらを信じてもらえれば入会してもらえる可能性が非常に高いと言いましたが、このことは、私が自動販売機のセールスをしているときの経験(第1章参照)からも言えます。訪問販売の世界には「一度買った人は何度でも買う」「一度○○された人は何度でも○○される」という法則があるのですが、まさにそのとおりです。

結婚相談所の仕事をしていていくつもの結婚相談所に入会したことがあるという人にたまに出会いますが、1度も結婚相談所に入会したことがない人より、こちらを信頼さえしてもらえばすんなり話が進むことが多いのです。

その意味では、**この業界でも「一度買った人は何度でも買う」「一度〇〇された人は何度でも〇〇される」という法則が当てはまるのです。**

ほかの業者に頼んでいるとか、頼んだことがあると言われたらラッキーと思い、どんどんアタックしましょう。僕の経験上、こういうお宅は営業してうまくいかなくても、忘れたころに顔を出すと大体またどこかの業者に必ず頼んでいます。

色々と説明してきましたが、入会金額もそれぞれ違うでしょうし、大原さんのようなベテラン仲人がいるとも限らないので、皆さんがそれぞれ自分の結婚相談所の特色やセールスポイントを早くつかんで営業していけば良いと思います。セールスなどした事がないという営業未経験の方でも、普通に人と話せるのであれば大丈夫です。なんら問題ありません。

まじめな人はここでもまた本屋さんに駆け込み、『最強のセールス話法』などといった本を読み漁り勉強しようとします。そうした姿勢は尊重しますが、そんなことをしてもあまり意味がありません。要は習うより慣れろ、です。

あまり小難しいテクニックなど考えず、とにかく沢山の人を訪ねていろんな人と接していくことです。そのうち色々な個性の人に自然と対応できるようになります。それは、応用問題を解く力がついてくる、といった感じです。**仲人業は住宅のセールスや保険のセールスと違い、難しい知識も必要なく、しかも話す内容はいつも同じで、聞かれることも大体同じパターンなので、慣れてしまえば寺のお坊さんのお経のように感じられるようになります。**

## 契約について

### (1) 契約書は必ず交わそう

その理由は、揉め事を未然に防ぐため

顧客にお金の話を納得してもらい、「お願いします」と言われたら、契約書を交わします。自分自身が個人営業であろうが法人であろうが書面交付義務があるからです。また、後々のトラブルを防ぐ為にも契約書は必要です。結婚紹介サービスは、特定商取引法の対象となります。

特定商取引法とは、訪問販売や通信販売など消費者トラブルを生じやすい取引類型を対象に、事業者が守るべきルールとクーリングオフ等の消費者を守るルールを定めた法律です。クーリングオフとは、契約した後、一定期間内であれば無条件で契約を解除することができる制度のことです。

これにより、事業者による違法・悪質な勧誘行為等を防止し消費者の利益を守ります。

個人の仲人で、前金の数十万を受け取って、領収書だけしか発行していない、という話を聞きます。しかし、契約書を交わしていないと、後で揉めて、お金を返せ、なんて言われた場合、法律上何年たっていても返さなくてはなりません。したがって、お客を守るというより、自分を守るためにキチンとした契約書を交わす必要があるのです。僕は面倒でも必ず契約書を交わすようにしています。

## （2）契約書は難しい？

### いいえ、肩の力を抜いて気楽に考えればよいのです

契約という言葉を聞くと、今まで営業経験のない方や普通の主婦の方達は「なんか難しそうで無理！」と感じるかもしれませんが、複雑に考える必要はありません。法律上の契約書面の内容などはさておいて、入会金をいただいて領収書を書いてハイ終わりでは愛想がないので、ちょっとしたメモを渡すくらいに思っておけば十分です。

契約書に書く内容は、不動産契約や住宅ローン契約などの複雑なものではなく、次のことを記載しておくだけでよいのです。

1．どんなサービスをするのか？

2．それにかかる金額は？

3．サービスを提供する期間は？

### 4．個人情報保護は？　こんなときはどうするのか？

このように、ごく当たり前の事を書くだけです。口頭で説明すると5分もかからない内容です。ただ、法律の専門家に作成してもらうので「甲が……、乙が……」などという文面になっているので難しく感じるだけです。契約時に説明する内容も基本的にはいつも同じなので、これもお寺のお坊さんのお経と同じで、慣れれば70代の女性でも難なくできます。質問される内容もほとんど決まっていますし、どうしても答えられないような質問をされて困ったら、こう言ってください。

「一度確認してから再度説明にきます」

こう正直に伝えて、あとで専門家等に聞けばよいのです。その程度のことで相手が不安を感じて契約がダメになるという事もないでしょうし、適当に誤魔化して後でトラブルになるよりはその方がすっきりしています。

## （3）契約する際のコツ

契約する際のコツというか、僕が意識していることがあります。それは、説明する相手が60代70代のご両親が多いので、こちらがいかにも「契約でございい〜」といった堅苦しい雰囲気を出してしてしまわないことです。もしそんな雰囲気を出すと、かえって警戒心や不信感をあたえるのでサラっと説明してください。例えば、こんな感じです。

「すみません、一応こういう書いたもの（あえて契約書などと言わない）あるんですが、法律の先生に簡単なものを難しく書くのが商売なので、何やら色々書いてありますが、きちんとお世話しますとか、まあお互いトラブルがないように何でも相談し合って、みたいな事が書いてあります」

このような軽い感じで説明します。年配女性の仲人さんが同行する場合、仲人さんに、次のような合いの手を入れてもらうとよいです。

「本当はこんなもの無くとも、私らとの信頼関係でいいんだけど、一応こういうものが無いとダメみたいだわぁ」

すると、とたんに緊張感が和らぎ、契約書にすっとサインしてもらえます。

まじめな性格の方は、契約の際に仰々しく書類を取り出し「こちらの書面に署名・捺印をお願いします」という言い方をしたりしますが、普段、契約にかかわることが少ない一般の人たちは、そうしたセリフを聞くと身構えてしまいます。

「契約＝非常に重要な事」という意識が強いので、「すみません、もう1日考えさせて下さい」となったりします。あるいは、契約書にサインした後、徐々に不安になって知り合いに相談し、「詐欺かもしれない」とか「騙されている」などと反対されてクーリングオフしてくることもあります。

ですから「お母さん、ちょっとここに名前書いてもらって、認印1つもらえますかぁ」みたいに、郵便局や宅配便のサインみたいな軽い雰囲気で話します。この契約でのポイントは、とにかく相手に不安感や緊張感を与えないように注意することです。

## （4）契約時に僕が顧客に伝えていること

契約時に、お客の警戒心をやわらげ、「何かハンコ押してしまったぁ」「お金を払わなくては……」という一種の後悔や再考心や金銭的なマイナスなイメージを薄めるために、僕がやっていることがあります。それは、こう伝えることです。

「お嫁さんが決まったあとは、こちらが間に入るので、結婚の際の費用はそんなにかかりませんよ」

こう話すことで、相手の意識を将来の夢や希望に向けてもらうようにしています。ほかにはこんなことを言ったりもします。

「結婚相手が見つかったあとは、こちらの仲人さんが両家の話し合いに入りますので、結納もせずに簡単に進めていくお宅も多いですよ」

「今は結婚式にはあまり費用をかけず、神社で式をあげて近所のレストランや料理屋さんなどで披露宴というか親戚の顔合わせみたいな事で済ますお宅が多いですよ」

「もちろん、新婦さんのご両親には、私のところの仲人さんが『新郎の○○さんのご両親は大事な娘さんを嫁にいただくので十分な事をさせてくださいと言っておられますが、今はなるべく質素にされるお宅が多いですよ』と話しますので、ほとんどのご両家は簡単に済まされます」

こう話すことで、嫁を探すのに多少費用がかかっても、結婚にはあまり費用はかけないで済むと思ってもらえます。もちろん、「当方は結婚が決まってからも色々相談に乗っていますよ」というアピールも兼ねています。

（5）ご両親に、こんなイメージをさせると効果的

ご両親の一番の夢・望みは、やはり「可愛い孫の顔を見たい！」です。

契約時にはそれをイメージさせます。たとえば、孫のいないお宅は家の中がきちんと片付いていますが、その点を突いてこう言います。

「お母さん、赤ちゃん出来たら、この冷蔵庫やタンス、子供のシールだらけになるよ」

ほかには、こんなことも言います。

「お父さん、お孫さんを公園に散歩に連れて行ったり、あちこち連れて行かなくちゃいけないから、おじいちゃんはいつまでも若々しく元気でいないと」

こうしたことを話すと、ほとんどのご両親は「まだ決まってないのにぃ〜」などと言いながら、皆さんニコニコして嬉しそうな顔をします。そんなとき、僕なりの〝すぐに結婚決まればいいですね〟という気持ちを、照れ隠しの言葉で包んでこう話します。

「あまり、私のところと長い付き合いにならないように」と。

## 集金について

### （1）銀行振込か現金か

集金は銀行振込か現金集金ですが、どちらにするかは相手の希望にあわせます。僕が住んでいる地域は田舎なので、高齢のご両親も多く、現金集金を選ぶ方が多いです。相手の顔を見て、直接手渡しでお金を渡す方が安心するのでしょう。特に個人レベルでやっているうちは振込させずに現金集金の方が無難だと思います。振り込んでもらう方が楽な場合もありますが、相手が高齢者だと、銀行でオレオレ詐欺（振り込め詐欺）に間違われるなど面倒なこともありますので。

集金日に関しては、基本的に相手から何日に支払いますとは言わないので、契約の際、こちらから「集金はいつにしましょうか？」と促して支払い日を決めましょう。ただ、契約の際にあまりお金お金とガツガツ催促するような雰囲気を感じさせると、相手を不安にさせるので注意します。

僕がよく使うのは、契約の際にある程度世間話をしたあとで、集金は振込か現金集金かを確認しておきます。現金集金を希望された場合は、その場で「じゃあ、いついつにしましょう」とは言わず、帰り際に玄関先で靴を履きながら「ああそうそう、お母さん、お金いつ取りに来ればいい？」と刑事コロンボのように集金の事はまるで今思い出したかのようにさらりと話します。実際には、頭の中ではずっとお金のことを考えているのですが。

## （2）集金時に色々な条件をつけられたら

集金の時に色々な条件を持ち出す人もいますので注意しましょう。

例えば集金の当日に「先にお見合いしてから払う」などと言いだす不届きな人もいますが、契約時の駆け引きならまだしも、集金の当日にこう言うのは論外です。その場合は、「私のところはお見合いのお世話が生業です。先に紹介して2人が意気投合して交際となりました、でもお金は払えません、などと私たちの誠意を悪用する方もおられるのでお断りします。ましてその2人の仲を白紙に戻すなんて出来ませんので」と毅然と断りましょう。

また、ご両親が商売をしていたり、かつて商売をしていたことがあるお宅に多いのが、集金当日にいきなり分割払いを打診してくるケースです。2回に分けて払うとか、数回に分けて払うという具合に回数はそれぞれですが、いずれも「1度に払ってしまってきちんと活動してくれなかったらどうしよう？」という警戒心のあらわれである事が多いのです。このような場合も、これまで分割払いは受けてこなかったときちんと説明し、1度で全額払ってもらうようにしましょう。例えば、こんなふうに話してもよいです。

「私のところは、最初に説明したようにお客様からお預かりしたお金から、仲人さんに前金でお支払しお願いをしております。分割にされると、その仲人さん達に支払うお金も分割になってしまい、〝お金に難しい家なのでは〟と思われ、仲人さん達の印象が悪くなるので一括でお願いします」

要するに、自分と顧客との直接交渉ではなく、その間に第3者の仲人さん達の存在を入れて交渉する、ということを伝えるのです。

お客に正当な事情があり、どうしても分割にしなければならない場合はケースバイケースで対処しましょう。契約書には次回の残金支払日を設定し、〝その期日までに残金が支払われない場合はサービスを停止します〟ときちんと契約書に明記し捺印してもらう方法もありますが、この場合も契約のところでお話したように、あまり仰々しく期日で縛り付けたり契約書上に何か借金でも発生するかのような書き方をしてしまうと、お客は不安になり、契約自体が白紙になったりする可能性があるので注意が必要です。

僕の場合、こういうケースは基本的に契約書には何も書きません。結婚紹介業は特定の物品と引き換えにお金をいただく訳ではないので、分割払いの約束が守られなければ、こちらがサービスを止めてしまうことができます。そうなって困るのは相手の方です。どうしても分割払いにしなければならなかったお客もいましたが、僕の場合、ほとんどは支払う約束の日にお客の方から「これから払います」とか「払いました」といった連絡があったことはありません。

したがって、こちらから連絡することになるのですが、お金の催促というのはなかなか面倒で、あまりやりたくないものです。僕が催促の電話をしているのを見て、会社のスタッフは「金融屋みたいですね」と笑っていましたが……。

（3）値引きを要求されたら

まけてくれ（値引き）と言われることもたまにありますが、そういうときは、P.

105の「費用の説明をすると、〝なぜ最初に数十万円の入会金が必要なのか〟と聞かれた場合」の項でお話しした内容をきちんと説明し、仲人さん達の費用も値引きしなければいけない旨を伝えます。そして、きちんとしたサービスが受けられなくなることを伝えて納得してもらいます。

とはいえ、どうしてもお客との人間関係や何らかの事情があって値引きしなくてはいけない場合もあるでしょう。その時は、「成婚料金」をうまく使うのも一つの手です。契約の際にいただく「契約料金」とは別に「成婚料金」を設定しているケースがあります。要するに、結婚が成立した段階で一定の料金をいただく、ということですが、その料金をまけてあげるのです。

契約書に成婚料金を記述していなかったり、成婚料金の説明をしていないケースもありますが、その場合は「結婚が決まったら、皆さん仲人さんに直接お礼をしておられます。大体相場は数十万円ですが、今回私の方でその成婚の際のお礼は必要ないように仲人さんに上手に話しておきます」などと伝え、最初にいただく「契約料金」は何が何でも値引きしないようにします。成婚料金は成婚しなければもらえないお金ですが、契約料金は確実に自分たちの収入に直結しているお金なので、安易に値引きしてはいけません。

「まけてくれ」と言ってくるお客の場合、それほど悪意はなく、何かお金を払うときの挨拶代わりに言ってくることもあります。地域的な違いもありますが、まけてもらえば儲けものと思っているケースが多いのです。だから、あまり真に受けないことです。こちらが優柔不断な態度を見せたり、何か満額を払えない事情でもあるのかと変に相談に乗ったりすると、相手の方が値引きの可能性があるのではと思い、かえって食い下がられますので注意しましょう。

ただし、分割の件にしても、値引きの件にしても、こちらがあまり上から目線で「無理に決まっているでしょう！」とパチンとはねつけるようなことはしてはいけません。逆に相手を怒らせて、契約そのものをぶち壊してしまう事があるので毅然と断りつつ、慎重に対応しましょう。

## （4）集金時には小さなことに気をつけよう

現金集金の場合、お金を数えて領収書を渡し、鞄にササッとお金をしまわないようにしましょう。「（このお金でこれから一生懸命お世話させていただきますという意味で）お預かりします」と言って丁寧にしまうようにしてください。その理由は、それなりの地位にいたお父さんや、営業でお金を扱っていた年配者の方などは、こちらのお金の扱いをよく見ているからです。

たとえば、細かい事ですが、領収書もその辺のラーメン屋で使っているようなペラペラの領収書よりも、ある程度高級感のある領収書を使った方が良いでしょう。いただいたお金を数える時に指をなめるのは仕方がないとして、僕が知っているある仲人さんは集金の際、出されたお茶をテーブルの上に少しこぼして、そのお茶で指を濡らしてお金を数えました。それを見ていたその家のお父さんに、マナー上あまり良くないのではと注意されたそうです。

そのほかには、お金をテーブルの下で数えて（普通はお客さんに見えるようにテーブルの上で数えます）、お金が足りなかったと言って不信感を与えてしまったケースもあります。些細な事ではありますが、こうしたちょっとした事で嫌悪感や不信感を抱かせないように注意しましょう。

昔、僕が不動産業をしていた頃に実際にあった話ですが、僕の知り合いの社長がその筋の方との取り引きの際、集金にうかがい、お金を数えていたところ、何度数えても1万円多いので「あのー、1万円多いのですが……」と言うと、その人は「ああ、1万円多くしといたんや。正直に言うたな（笑）」と言いました。その後、全ての取引をその社長を通してくれるようになったそうです。一般人にこんな風にこちらを試すようなお客さんはまずいませんが、相手が誰であれ、お金を雑に扱ったり、適当に数えたりしないよう気を付けましょう。

私の顧客から聞いた話ですが、ある結婚相談所の年配女性の仲人さんが熱心に営業に来られるのでお願いすることになりました。その後、無事契約も済み、集金に来られたそうです。お金を渡し、少し世間話をしてから、仲人さんが帰られることになりました。帰り際に外に送りに出たのですが、その仲人さんは玄関先の家の人を見向きもせず、サッサと車に乗り込み「ブィィ〜ン」と出て行ったそうです。その瞬間、お客は「……？？」と思ったそうです。そして、集金するまでの熱心さと集金後の態度の変化にどうしても不信感がぬぐえず解約（クーリングオフ）したといいます。翌日あわててその年配女性の仲人さんが訪ねてきたそうですが、時すでに遅し。

急ぎの用事があったのかもしれませんが、最後のちょっとしたことで、それまでの苦労がフイになることもあるのです。車に乗って帰るときには、たとえ顧客が見送りに出ていなくても、車の窓を開けて「ありがとうございましたぁ」と玄関にお礼をして帰ります。ちょっと大げさかもしれませんが、集金は非常に大事なところですから慎重に、と言いたいのです。

## (5) 振込による支払いには気をつけよう

ここまで話すと、「何か面倒だから振込にしてもらいたい」と思うかもしれませんが、最初に話したように、振込は振込で色々とチャチャが入ったりするので注意が必要です。

たとえばオレオレ詐欺（振り込め詐欺）です。銀行の店内やＡＴＭの前で高齢者が数十万円単位の振込をしようとしてもたついていると、オレオレ詐欺（振り込め詐欺）に間違えられたりします。店員に振込金や振込相手の事を色々聞かれ、騙されているような気になり解約することがあります。また、振込の仕方がよくわからず、身内と一緒に銀行に行ったところ、何の振込か聞かれ、話したら反対され解約になったりもします。そのほかには、顧客が振込した後、こちらからの入金の確認が遅れ、電話連絡がなかったことに不信感を持ち解約になったりすることもあります。このように、様々なケースがありますので、振込による支払いには気をつけましょう。

銀行によっては振込があり次第、すぐ連絡をしてくれるので入金されたことはわかります。だからといって、顧客にお礼を言わなくても良いということにはなりません。たとえ顧客からの連絡が無くても、入金したら当日に即電話をしてお礼を言い、これから頑張りますと伝えることが大事です。


契約・集金でホッとしていると、たまにクーリングオフ期間に解約という、こちらにとって一番厄介な事態が待ち受けていることもあるので、最後まで気を抜かず注意しましょう。

契約のところでも少し話しましたが、母子家庭でお母さんが契約するケースや、お母さんが旦那さんに内緒で単独で契約するケースなど、年配女性が一人で決めて契約する場合、契約後、非常に不安定な気持ちの状態が続いていることがあります。また、契約するかどうか迷って、気持ちが二転三転する人もいます。そういう人達には、契約直後から「大丈夫です」とか「任せておいてください」などと連絡しがちですが、こちらがアレコレ言えば言うほど、かえって不安になったりすることもあります。そんな時は高齢女性の仲人さんから連絡を入れ、こう話してもらいます。

「息子さんの身上書を見た仲人さんが、コレコレこういう女性との見合いを進めていますから、息子さんに何月の週末土日休日は空けておいてくださいと伝えてください」

こんな感じで具体的な話をして安心させます。もちろんそこまで話が進んでいなくても、とにかくクーリングオフ期間を過ぎれば後はまた、なんとでも話せますので。

裏ワザとして、こういうタイプのお客には、あえて契約後8日間のクーリングオフが過ぎるまで一切集金の話や催促などをしないという方法もあります（契約後8日間は契約を解除できるので、その期間は何もしない、ということです）。要するに契約自体を顧客の頭から消してしまうのです。中途半端に集金の催促をしたりすると、また不安の虫が顔を出し、誰かに相談し解約したりするので、クーリングオフ期間が切れるまでじっと静かにして、クーリングオフ期間が切れたと同時に堂々と集金の催促をします。

何となくせこくてずる賢いように思いますが、せっかく頑張って契約した直後にクーリングオフされると、そのショックは計り知れません。さらに、集金したお金を何か私用の支払いに当て込んでいたりすると、それこそ目も当てられません。とにかく契約集金完了後は、クーリングオフ期間が切れるまで、あらゆる神経を張り巡らし油断しないようにしましょう。

**ここまでが、この仕事の約80％以上のウエイトを占めています。**契約した側（家族・当人）にとっては逆にここからが本番なので心苦しい気もしますが。ただ、最初に話しましたが、僕はこの仕事を楽しみながらやっているとか、男女の出会いのお手伝いをしているとか、ご両親の喜ばれる顔が見たくてしているなど、心地よい綺麗ごとを言うつもりはありません。

◎面倒なことはしたくないけど、お金は稼ぎたい！
◎そのためには何としても契約・入金を目指す！

それを実現するために僕が日々身につけてきたノウハウをお話ししてきました。

# 第5章

## お見合いの“設定”<br>と<br>お見合いの“現場”<br>中途解約のリスクを減らせ

## お見合いの設定

（1）慢性的な女性不足とそれをカバーしようとする業者の取り組み

ここからは、いわゆるアフターフォロー的な段階になります。

お見合いの設定とは、読んで字のごとく、男女のお見合いを組むことです。男性会員は入会したもののお見合いする女性がいない、では話になりません。ここで本音の話をすると、実はほとんどの結婚相談所では見合い相手となる女性が慢性的に不足している状況だと思います。このように言うと「異議あり」という結婚相談所もあるでしょうが、ここでいう「女性不足」というのは〝小規模な結婚相談所に頼んでいる男性とお見合いしてくれる女性〟という意味です。

たとえば、僕のところのような小さな結婚相談所に依頼する男性というと、こんな具合です。

・親に無理矢理言われて仕方なしに依頼しに来る男性

・30代40代で、女性との交際経験ゼロの男性
・外見的要因（ハ○・チ○・デ○）などの男性

こうした強者ぞろい（?）ですので、普通の女性との温度差がありすぎて、なかなかお見合いが組めません。こういう壁を破るために、いわゆる〝サクラ〟を使ったり、入会後全く放ったらかしでお見合い無しといった事をする不心得な相談所もあります。例えば、

・「個人情報を保護するため」などと言い訳し、詳しい情報の載っていない女性の身上書を送ってくる。
・男性が「ぜひ会わせてください」と連絡すると、数日後相談所のスタッフが、「女性の方が会わないと断ってきました」と伝え、それを繰り返す（1年経っても2年経っても身上書は送られて来るものの、結局1度もお見合いしていないというケースもある）。

といった具合です。

こうした場合、うがった見方をすると、女性の情報は架空（嘘）かもしれません。つまり、最初からそういう女性は存在していない可能性もある、ということです。

これ以外にも、「無料お試しお見合い」などと称して、入会を迷っている独身男性に無料でのお見合いを勧めるケースもあります。その場合、相手の女性はすごい美人で、会ったときの雰囲気も良く、会話も進み、メール交換まで行くそうです。その後、その美人から「楽しかったです！　また会えますか？」なんてメールが届きます。

単純な男性諸君は天にも昇る気分に浸りますが、そこへ結婚相談所のスタッフから「申し訳ありませんがここから先、続けていくには正式入会して頂かないと」と連絡が入ります。すると、たいていの男性は「あんな美人が本当にこの自分に？？」などと思いつつ、しかしどこかで、もしかして？との思いも捨てきれず、数十万円の契約料金を納め正式に入会します。

その後は皆さんが想像される通りの展開になるのですが。

## （2）地域密着型の営業スタイルから外れてはいけない

この本をお読みになり、これから事業を始めようとされる人にとっては、地域密着型の営業スタイルになると思いますので、当然このようなやり方をしていては長続きしませんし、苦情だらけになってしまいます。地元に根付いた活動をするには、やはり結婚を希望する女性の情報を集めることに絶えず気を配ることです。

まずはアポイントのところでも述べたように、個人で仲人をしている人やしていた人、男女の仲を取り持つことが好きな人等、協力者を1日でも早く、また1人でも多く見つけることが大切です。ホームページを作成し、名刺にホームページアドレスを載せ、自己紹介や日々の活動等、様々な情報を発信して安心させるのも良いでしょう。また、多少経費がかかりますが、新聞等の広告欄を使って、結婚を希望する独身女性を募集するのも1つの方法です。

ただ、独身女性を募集してみて強く感じたことは、女性の場合、入会無料といった金銭に関することよりも、自分の個人情報が色々な人達に晒されるのでは?という事をすごく気にします。それは、単にいろいろな男性会員に自分の情報が漏れるのでは?という心配だけではなく、相談所のスタッフたちにも漏れてしまうのでは?という不安も含んでいます。

僕の知り合いの独身女性（Aさん）で、こんなことがありました。

Aさんは大きな広告を出している全国ネットの結婚相談所に入会し、お見合いをしました。そのときに担当した女性スタッフはAさんより若く独身だったそうです。見合い後、Aさんは男性に断られたのですが、その女性スタッフに「○○さん、次回また頑張りましょう！」と言われ、お前に言われたくないわ！とすごく気分を害したそうです。こうした経験があったため、Aさんは事務所内でそんなスタッフたちの笑いものになっているのでは？と不安になり、二度とそこで見合いする気になれず退会してしまいました。

自分の両親の知り合いの個人の仲人さんになら安心して頼めるのに、結婚相談所となると二の足を踏む女性もいるのですが、それはAさんのようなケースもあるからのようです。

こうしたこともあり、広告でも、女性が安心してお願いしたくなるような内容、相談してみようかなと思えるようなものにします。訪問のところでもお話ししましたが、女性に不信感や不安感を与えないようなアットホームな広告や、個人の仲人っぽさを前面に出す感じが効果的だと思います。

たとえば一番手っ取り早い方法は、広告やホームページで可能な限りこちらが何者かが見えるようにしてあげることです。そうすることで、女性に限らず高齢のご両親などにも非常に安心してもらえます。新聞の広告では、情報の掲載は文字数やスペースで料金が大きく変わるので難しい部分もありますが、少しでも自分や仲人さんの顔が見えるような情報を掲載しておくことです。そうすれば、安心感や親近感が格段にアップします。

よく新聞の折り込みチラシで地元の工務店やリフォーム業者などがトップ（社長）や現場の担当者、大工さん等の顔写真や似顔絵を掲載して「私たちが真心こめて作ります！」というメッセージを添えた広告を見かけますが、それを見ると、何かホッとして親近感や安心感を持ちませんか。少し言葉は乱暴ですが、人はどこの馬の骨か分からない相手には警戒心を持つものです。でも、こちらの顔が少しでも見えると、警戒心はだいぶやわらぎます。

ホームページに自分や仲人さんの似顔絵や写真などを掲載し、日々の活動などをブログ形式で紹介するのも良いでしょう。ブログなどは更新しなければ逆効果になりますが、定期的に更新していると、見ている方はよく見ているので、こちらのメッセージを伝えるには有効です。ホームページやブログを見て問い合わせて来た人は、こちら側にとって初対面でも、相手からすると、いつもブログで見ていた人なので、勝手に親近感を持った状態で対応してくれます。

前にも話しましたが、若い男性が代表のホームページなどはすごく都会っぽくて格好良いのですが、誰がどういった動きをしているのか分かりません。しかし、そういったホームページでも、社長やその家族との私生活など「素顔の部分」を出しておけばかなりイメージは良くなります。

僕が以前作った2通りのパンフレットは、顧客のお宅を訪ねた時に名刺代わりに渡してきましたが、そのパンフレットの表紙にはうちにいた仲人の大原さんの似顔絵を前面に出し、開くと大原さんの挨拶やうちで協力してもらっている仲人さん達5、6名の似顔絵と挨拶を書いておきました。また、その挨拶の言葉もあえて僕の地元の方言で書き、自分で言うのもなんですが、非常に親近感が持てるパンフレットだったと思います。

年配のご両親に向けては、タウンページへの広告の掲載が効果的です。地方の年配者が何か必要なものを探したり頼む際には、インターネットではなくタウンページで探すケースが多いからです。タウンページに小さくても枠を取って広告しておけば、かなり信頼性がアップします。営業の際にも「タウンページに広告を載せてます」と堂々と言えます。

タウンページに広告していると聞くと、「広告費用が高いはずだから、きちんとしたところだ」と勝手に想像してくれますが、小さい枠なら年間数万円で済み、分割払いも可能です。

（3）「ブライダル○○」「○○協会」「○○連盟」等の組織について

インターネットで検索すると「ブライダル○○」「○○協会」「○○連盟」等の全国組織があることに気づきます。独自の基準を設けて結婚相談所の開業希望者や仲人業希望者の加盟を募っているのですが、こうした組織は、独身の男女の情報を、加盟している業者や構成員達で交換し合い、お見合いに繋げていきましょう、みたいな感じで活動しています。

しかし、これといった有効な情報は入手できません。

私の知り合いの仲人さんも加盟しましたが、ほとんどの業者や仲人さんはどうしても自分の利益の事しか考えないので、独身会員情報を全て公開しません。なかには他業者の独身情報を得て、新たに自分のところに入会させたりするといったこともあるようです。

結婚相談所だけではなく、他の業種にもこのような組織はありますが、結局どうお客に営業をし、どうお金を稼ぐかなどは教えてくれません。もっとはっきり言うならば、どう教えればよいのか分からないのが現実なのだと思います。高額な加盟金を支払ってうまく活用できれば良いですが、ほとんどの人は加盟しただけであまり役に立っていないのでは、と思います。別に否定はしませんが、加盟するのであれば、よく考慮してからのほうがよいでしょう。

### (4) お見合いの設定の方法と場所の選定

お見合いの設定の方法は、あまり難しく考える必要はありません。年齢・学歴や住んでいる地域など、非常識にならない程度の組み合わせを考えます。要するに、年齢や学歴に大きな差があるとか、住所が極端に離れているといったことがないように考慮する、ということです。

僕の住んでいる地域も割とそうですが、お見合いの場合、男女の卒業した高校のレベルを非常に気にすることがありますので注意します。組み合わせに問題がなかったら、男性、女性それぞれのお宅に互いの身上書を送り、お見合いの返事を聞きます。個人の仲人さんの中には、先入観を持たないように身上書には写真を付けない人もいますが、特に設定方法に決まりはないので、それぞれのやり方で良いと思います。

返事がお互いOKなら、お見合いの日時と場所を設定します。お見合い場所ですが、土日のファミレスなど、家族づれの客が多い場所は騒がしいので避けたほうが良いでしょう。場所がわかりやすい喫茶店（あまりに狭くて、変に静かすぎるのはダメ）やホテルのロビー等が適していますが、その場合、駐車場の有無も確認しておくとよいと思います。要は、色々調べて、よさそうな場所をいくつかピックアップしておく、ということです。とにかく〝騒がしすぎず、静かすぎず〟が理想です。

## （5）お見合いの時間帯

お見合いの時間帯は、休日の日中にするか、お互いの了解を得たうえで平日の夜に行います。昔の仲人さんは、お店で昼食や夕食を取りながら見合いをするケースもありますが、双方初対面で緊張しているので、基本的には食事は避けましょう。

場所とお見合い日時が決まったら、相手のお宅にお見合い場所の地図と日時を書いたものを郵送するか手渡ししておけば間違いないでしょう。何度かお見合いしていて、そのお見合い場所が初めてでなければ地図は必要なく、口頭で連絡するだけでも大丈夫です。ご本人に連絡しても良い場合は、携帯やパソコンのメールで場所と日時を送っておきます。電話でもいいのですが、聞き間違いをしたり忘れたりする事もあるので、メールで文字に残しておきます。場所や日時の間違いというのは意外と多いので注意が必要です。

ご両親に連絡しておいたのに本人に伝わっていなかった、というケースもあるので、前日にもう一度場所と日時をメールしておきましょう。

## (6) お見合い時の服装

お見合いの際の服装は、男性の場合スーツも悪くないのですが、普段着なれていないと何となく七五三のような感じになることもあるので気をつけましょう。不快感を与えないような感じで、ちょっと出かける際のカジュアルな服装にします。

僕の経験上、女性はまず問題ないのですが、男性の場合ある程度話しておかないと、お見合い当日に「えっ!」と思うような服装で来ることがあります。たとえば夏場に海水浴にでも行くようなランニングに短パン姿だったり、近所の理髪店にでも行くようなラフな格好だったり、シャツの色合いから何か不潔感を感じさせたり等、色々ありますが、とにかくラフな服装や奇抜な色の服は避けて、襟付きの白いシャツ等を勧めておけば無難です。

## (7) お見合い当日の留意点

お見合い当日には、本人にあまりプレッシャーを与えないようにとご両親には伝えておきます。

息子さんの場合がほとんどですが、これからお見合いに行く息子さんに「頑張って！」などとあおったり、「必ず電話番号を聞き出しなさい！」などと強要したり、「ああしちゃダメ、こうしちゃダメ」などと色々指示したりするご両親がいます。しかし、これでは息子さんがガチガチに固まってしまいます。ただでさえ一般の男性よりコミュニケーションが得意でないのにますます緊張し、普段の自分が出せなくなるなど逆効果です。もし断られたら「もう見合いなんかしない！」などと言いだしたりしますので、さらりと送り出して下さい。シャツの襟が曲がっていないか位はみてあげてもいいですが。

お見合い後のことにも注意が必要です。息子さんがお見合いから帰ってきても、「どうだった？」「ちゃんと電話番号聞いてきたの？」などといちいち聞かないように伝えましょう。ご両親には、こちらの仲人からお見合いの雰囲気や結果報告など連絡する、と言っておきます。とにかく息子さんは親からいちいち細かな事を聞かれるのをすごく嫌がります。先述のように、「もう見合いに行かない！」なんて言い出したら元も子もありません。ご両親が色々聞きたいのはやまやまでしょうが、なるべく自然体で接してもらうように伝えておきましょう。

## お見合い

（1）お見合い場所で注意すべきこと

お見合い当日はなるべく早めに待ち合わせ場所に行き、お見合いをする2人を待ちます。男性の場合、30分以上前に来て待っている人もいますので注意が必要です。事前に男女の顔や携帯番号、乗っている車など出来る範囲で知っておけば、当日どちらかが遅れてきてもパニックにならずに対応できます。お見合い相手のどちらかが15分以上遅れても、決してイライラしたりせず、待っている人の話し相手になってあげ、見合い後に何か予定があるかどうかを確認してあげましょう。そして、相手が遅れて到着したら、怒ったり注意したりせず、待っていた相手に遅れたことを一緒に謝ってあげ、雰囲気を和らげるようにしましょう。

男性の中には消極的な人が多いので、待ち合わせの場所に着いても車の中でじっと待っていたり、時間になっても店の中に入ってこれず、店の前をうろうろしていたりします。そのため、こちらが先に店に入って待っているだけでは出会えないケースもあります。最悪の場合、本人が帰ってしまうという事もありますので、お見合い時間が近づいたらお店の外を確認したり、広い店内やホテルのロビーなどでは、どこか別の席にぽつんと座っていることもあるので絶えず周囲に気を配りましょう。ただ、ホテルのロビー等静かな場所の場合、本人確認をする際には注意が必要です。

「今日お見合いされる○○さんですね」などと声を掛けると周りの人に聞こえ、嫌がられるからです。僕と仕事をしていたある仲人さんなどは、喫茶店の玄関先で本人達が来るのを今か今かと待っていて、男性が車から降りるのを目ざとく見つけると、

「兄ちゃん！こっちこっち！見合いのお姉ちゃん待ってるよ！」

などとやっていましたが、これなどは最悪の対応でしょう。

## （2）あまり会話が盛り上がらないときは…

お見合いが始まり、二人の様子を見ながら、あまりに会話が無く盛り上がらない場合は、こちらから双方にいろいろ質問したり聞いたりして共通の話題を引き出してあげるようにしましょう。

とはいえ、普通の男性でも初対面の女性を前にすると、そうそううまく会話できるわけではありません。ましてや僕のところに頼んでくるような男性は、自己紹介も満足に出来ないような人が多いので、それこそ仲人さんの腕の見せ所となります。僕たちのような地方の男性は、都会のように色々な娯楽があるわけではありません。

僕がいままで関わってきた男性たちも、ごくまれに多趣味な人もいましたが、ほとんどは休みの日は家でゴロゴロしているか、パチンコやインターネットでゲームをするなど、趣味とは言えないような事をして過ごす人がほとんどでした。実際、僕自身も話せる話題と言えば、せいぜい仕事や車の話、プロ野球のジャイアンツの話ぐらいですので似たり寄ったりですが。

実際に見合いの際に年配の仲人さん達が間に入って話しているのを聞いていると、まずは無難に最近あったニュースなどを話題にふります。そして、お互いの反応を見て関心を示すような話題があれば、そのニュースから会話を膨らませていきます。その後、お互いの住んでいる町のことから共通の話題を探ったり、学生のころにやっていた部活動から話題を探したり、今まで見た映画で一番印象に残った映画を聞く、という具合につなげて話を広げていきます。

ただ、僕には失敗談があります。僕が以前立ち会った見合いで、相手のおとなしそうな女性に僕から映画の話題を持ち出しました。彼女は普段家でずっと映画を見ているらしく、かなりの映画通でした。特にホラーやサスペンスが好きなようで、相手の男性が、今まで一番印象に残った映画や最近よかった映画を聞くと、僕も全く知らない映画の名前がいくつも出てきて驚きました。

それで、男性に彼女の言った映画を一つでも知っているのか尋ねたのですが、彼も全く知らなかったのです。そこで僕は、彼に今まで一番印象に残っている映画は何かと聞いたのですが、そもそも映画自体を見ないそうで、小学生のころに見た『ゴジラ』しか覚えていなかった、という笑えない展開になってしまいました。これなどは僕が仲人としての質問の仕方がまずかった一例です。

ただ、今思えば、その男性も映画を全く知らないのに、よく女性に対して今まで一番印象に残った映画や最近よかった映画などと聞けたものだと思います。

仕事の話はお互いいろんなことが話せるので無難なのでしょうが、どちらかが全く関心のない業務内容だと、話が一方通行になりがちです。特に男性に多いのが「会社が不景気で給料が下がっている」だとか「最近たくさんリストラされた」などと馬鹿正直に話してしまうケースです。そうした話をすると、見合い自体を台無しにしてしまう恐れがあるので注意が必要です。

ただ、話好きな仲人さんの場合、見合いの席で双方の話題はそっちのけで、自分の趣味や家族のことなど一方的に喋りまくって、結局二人はお互い何も聞けなかった、などという事も意外に多いので注意しましょう。僕の経験上、よくあるパターンはこんな具合です。

①男性の仲人さんの場合、見合いに来ている男性が消極的な事を良いことに、見合い相手の女性の興味がある話題で盛り上げようとする。そうやって、自分が主役になろうとして

しまう。

②30代40代の若手の女性仲人の場合、見合いに来ている女性と同年代だったりするので、共通の話題などで盛り上がる。すると男性が蚊帳の外になってしまう。

こうした事態にならないよう、立ち会うこちら側は、あくまで黒子であり脇役であるということを肝に銘じておきましょう。もし双方最初から話が弾むようであれば、しばらく席を外して二人きりにさせてあげるのも良いでしょう。

双方初めてのお見合いの場合、お見合いの時間は、お互い飲み物を飲みながら大体1時間前後を目安としています。食事は設定しませんが、どちらかがケーキなどを希望する場合は対応してあげましょう。支払いは、僕の場合、事前に男性に自分の飲み物代と相手の飲み物代は支払ってあげてくださいと伝えておきます。立会いの仲人は、自分の分は自分で支払います。

(3)こちらから無理押しするようなことは言わない

初めてのお見合いの席で、こちらから無理押しするようなことは言わないようにしましょう。

たとえば、男性に「この後、一緒に食事でもしたらどう？」と言ったり、女性に「この後、時間あるんでしょう？」などと言うのは避けてください。お互い気に入っていればいいのですが、そうでない場合、当人たちが困ってしまいます。特に、年配の仲人さんに、こうした無理押しをする人が非常に多いので注意しましょう。僕が一緒にやっていたある仲人さんもその典型です。見合いが始まった途端、いきなり二人に向かって、こうまくしたてます。

「あなたたち今日、時間あるんでしょう？　天気もいいしい、今からドライブにでも行ってきなさいよ！」

こうまくしたてられたら、当人たちは困惑してしまいます。


あと一つ注意することがあります。それは、そのお見合いが「結婚相談所を通じてのお見合いであるかどうか」についてです。

男性も女性も承知した上でのお見合いなら別に問題はないのですが、僕が行っている営業方法では、本人には結婚相談所に頼んでいるとか、親が費用をかけているといったことを内緒にしているケースが多いのです。男女のうちの一方が結婚相談所を了解済みで、もう一方が結婚相談所のことを内緒にしている場合、お見合いの席でまずい会話になることがあります。

たとえば、結婚相談所を了解済みの方が「あなたも○×結婚相談所に登録して長いのですか？」とか「△□結婚相談所に入会して何人位お見合いしましたか？」などと話してしまうと、相手は結婚相談所に依頼していたのかとバレてしまいます。その結果、本人が怒ってもう見合いしないと言い出し、揉めたりすることもあります。これは意外とありがちなので気を付けましょう。そうしないと、せっかくご両親に協力してもらった事が、こちらのちょっとした不注意でパーになってしまいます。

こうした事態を未然に防ぐために、結婚相談所を了解している人には、事前に「相手の方達は個人の仲人さんの紹介も多く、結婚相談所に登録している人ばかりではないので、結婚相談所の話はしないで欲しい」と伝えておくようにしてください。

## 結果報告

### （1）結果報告の4つのパターン

結果報告とは、お見合いの後に男性女性それぞれにどうだったかを確認し、それをご両親か本人に連絡することです。ただし、通常のお見合いと違い、僕のように独身男性のご両親などから高額な入会金をいただいている場合は、やはりそれなりのノウハウが必要です。

他の結婚相談所や個人の仲人さん達のケースは分かりませんが、僕の経験上、お見合いの結果は、大体女性の側が断るケースがほとんどです。この点を踏まえた上で、まずは本人への確認です。必ず女性の方からどうだったのか？を聞きます。その結果によって、その後の流れが決まってきます。それを以下に示します。

#### ①女性OK、男性OK

この場合、こちらもちょっとうれしくなります。双方に確認して、次回もう一度仲人立会いの上で会う約束をするか、二人の了解があれば携帯番号やメールアドレスの交換をさせて直接やり取りしてもらいます。

## ②女性OK、男性NO

これは非常に少ないケースですが、この場合、女性を傷つけないよう配慮して報告します。たとえば男性の断りの理由が女性の外見等の場合、それをストレートに報告する人は当然いないと思います。その場合は、「フィーリングが合わなかった」というこの業界お決まりの断り文句で済ますこともできますが、ちょっとした裏ワザを使うのも一の方法です。その方法は、多少男性をクサしたりして、女性には自分が原因じゃなく相手が悪かった風に思わせ、次回のお見合いに期待してもらえるように話すことです。

これは、そんなに難しい事ではありません。例えば、年配の仲人さんに、こんな具合に話してもらえばよいのです。

・「私もたくさんの女性を見ていますが、あなたは非常に魅力的な女性ですし、男性に見る目が無かっただけなのでいちいち気にしないでね」

・「男性側の仲人さんに聞いたら、今回の男性はいつも自分で答えを出せず、占いで返事を決めたりする変わった男性らしいので、今回は忘れて気持ちを切り替えましょう。また素敵な男性をすぐ紹介しますよ」

このように、男性側に問題があるような感じで話します。また、こんなふうに言ってもよいのです。

・「ごめんなさい、相手の男性はあなたのようなスマートな女性ではなく、太った女性が好みだったみたい」

そのほかには、女性の希望条件を逆手にとって、こんなふうに言うという手もあります。

・(男性の両親との別居を希望する女性に対して)「ごめんなさい。相手の男性のご両親がどうしても同居だと言いだして……」

このように、女性自身に対する直接の断りではなく、男性の方に原因があるように無理矢理にでももって行きます。そうすることで、女性は傷つかずに済みますし、次回のお見合いに期待してもらえるようにもなります。

とにかく見合いしてくれる女性は一人でも多い方がいいので、気持ちよく見合いしてもらうようにすることです。

## ③女性NO、男性OK

ほとんどはこのケースです。ただ、男性に聞くときに、すでに女性からNOの返事を聞いていても「まだ女性から返事は聞いていませんが、○○さんの方はどうでしたか？」と男性の感想を聞きます。男性がOKの返事をした後、日をおいて後日お断りの連絡をしますが、女性の断りの理由が男性が聞くと傷ついたりする内容ならそのまま報告しないようにします。

意外に女性よりも男性の方が傷つきやすいので（というか女々しいので）、2回、3回と断られただけで全人格を否定されたように思ってしまうことがありますので、慎重に対応しましょう。

以前、私のところで働いていた女性仲人さんが新人のときに、見合い後に女性が断ってきた際に、相手の男性にこんなメールを送ろうとしていたので、慌てて止めたことがあります。

「○○さんからお断りの返事がきました。仕方ないですね」

こんなそっけないメールを送ったら傷口に塩を塗りこむようなもので、男性もへこみます。

あまり難しく考えることはありません。要は、男性に対して思いやりのある言葉を添えて伝えればよいのです。例えば、こんな具合です。

・「○○さんからお断りの返事がきましたが、相手の仲人さんはあなたのことをすごく良い男性だと言っておられました。今回は女性の見る目が無かったと思い、また別の女性を紹介しますので、気持ちを切り替えて行きましょう！」

・「相手の女性から返事があり、あなたに対してかなり好感を持っていたみたいですが、どうしても年下の男性がいいと言いだして」

こんなふうに、男性に直接的な原因が無いような伝え方をすれば、男性も傷つかず、次回に期待を持ってもらえるようになります。

たまにちょっとズルい性格の男性がいて、こんなことを言ってきます。

「女性がＯＫなら僕もいやではないです」

こういう男性は何かねちっこくて、仲人さん達からも嫌われている事が多いようです。

僕はこういう男性の場合、仲人さんにこう伝えさせています。

「〝女性に聞いたら○○さんがOKならまた考えます〟と言われました」

以前こういう流れで1か月位経った時に、男性の方から「僕の方はOKです」と上から目線で連絡がありました。僕は、仲人さんからその男性に「女性に聞いたら返事が遅いのでお断りでした」と伝えさせました。その後、その男性はそういう回りくどい対応をしなくなりましたし、対応も迅速になりました。

これは他業者の話ですが、断られた男性会員を「あなたのあそこが悪い」「こういうところが悪い」などと、断られた原因を男性の外見や消極さ等、ありとあらゆるところをクサしていきます。そして、入会させた後、男性を自信喪失に追いやり、見合いしない状態に追い込んでいきます。中にはそうした悪質な業者もいます。当然、僕はそんなことはしませんが、基本的には結婚が難しい男性がほとんどですので、一定期間が経ったあとで本人と色々と話し合うことはよくあります。

これは第7章でお話ししますが、「国際結婚」という方法もあります。また、断りの返事を伝える際に本人と話せるなら「今回はお断りだったけど、○○さんは相手に対しての強い希望はあるの?」などと丁寧な対応をしておきます。そうすることで、相手の気持ちもなごみます。後に国際結婚の話をしても聞く耳を持ってくれるようになります。

## ④女性NO、男性NO

通常通り女性に返事を聞き、その後男性に「女性の返事を聞いてからまた連絡します」と言って、後日連絡します。そして、双方の返事がＮＯであることを確認したら、再度女性に連絡します。

この時女性に「男性の方に聞いたらむこうもお断りでした」などと馬鹿正直に伝える必要はありません。男性側の返事は、女性にどんな返事だったかと聞かれた場合以外はいちいち答える必要はありません。そうしないと、女性のプライドを傷つけるだけだからです。

もし女性から相手の返事はどうだったかと聞かれたら、「男性の方にはお断りの返事をしておきました。なんか残念そうでしたが……」という感じで伝えます。そして「また別の良い男性を紹介しますね」などと言い、次のお見合いに繋げる方向で目線を切り替えていきましょう。

ここからがちょっとしたコツなんですが、男性にはこう言います。

「相手の女性はあなたを気に入っていたみたいですがお断りしておきました。残念ですね」

この場合、契約しているのがご両親なら、必ずご両親にも伝えます。なんとなく騙すみたいですが、これで男性のご両親は「申し訳なかったな」という気持ちと「うちの息子もまんざらではないな」なんていう、ちょっとした優越感や満足感を持つことができます。これが後々仕事をものすごくやりやすくするので活用しましょう。

先ほど、男性が断られるケースがほとんどだと言いましたが、断られ続けた場合、ご両親は気分が悪いでしょうし、消極的な自分の息子を棚に上げ、こちらに文句を言ってくることが多々あります。

たとえば「結婚する気のない女性を紹介しているからではないのか？」とか、「うちの息子に合う女性を紹介していないからだ！」等々。皆さん自分の息子はいくつになっても可愛いし、高い会費も払っているので、息子が女性に対して甲斐性のないダメ男などとはまず認めません。こんな時に「お宅の息子さんが女性を断ったこともありますよ。あのとき女性のご両親からも同じような事を言われて辛かったです」なんて言うと、ご両親の苦情も静まります。ちなみにこのケースで「女性が気に入っていた」と伝えると、男性の方から一度は断ったくせに「やっぱりもう一度会います」なんて言ってくるケースもあるので、必ず男性に連絡する際には「女性にお断りしておきました」と忘れず伝えておきましょう。

## 顧客へのアフターフォロー

（1）誠意を見せること

このビジネスの場合、アフターフォローといっても難しい事はありません。特に男性やそのご両親の場合、高額な料金を前金で支払っているので、アフターフォロー云々よりも、「早く良い女性を紹介してくれ！」という要望がほとんどだからです。実は、これがなかなか難しいのですが……。

複雑な事は何もありませんが、紹介できなくても、とにかく定期的に顧客に連絡を入れることです。これしかありません。まず顧客の身上書や、何月何日に入会して何月何日に誰と何処で見合いしたか等の、顧客ファイルを作成しておきます。その中で、最近いつ連絡してご両親と話したかなどを定期的に絶えず確認しておき、最低でも月に一度くらいは連絡するようにします。

条件が悪くなかなかお見合いが組めない男性宅には連絡しにくいかもしれませんが、相手から連絡してくる前に先に連絡しておくことです。色々な愚痴や多少の文句も言われますが、先にこちらから連絡を入れておけば後々大きなトラブルにはなりません。

連絡がしにくくて放置していた顧客は、先方からもほとんど連絡してくることが無かったりするので、つい安心して余計に放ったらかしになってしまいます。しかし、そうした人が連絡してきたときは、ほとんど末期症状で、中途解約の申し出があったり、消費者センターに相談していたりなど、完全に信頼を失っている場合が多いので、そうした事態を回避するためには徹底して誠意を見せることです。

男性のご両親も、本音では息子の結婚が難しいのはある程度承知しているので、とにかくこちらが誠意を見せていればそこまでのトラブルになりません。

「なかなかお世話できていませんが、決して忘れていませんので。必ず良い女性をみつけますので」という感じで連絡しておくだけで全然違います。

少し強めの苦情の連絡があった時は、話を一通り聞いてあげましょう。顧客も取りあえず言いたいことを言えば大体落ち着くケースが多いからです。途中で口出ししたり言い訳したり反論したりすると余計に怒らせてしまうので注意しましょう。一通り苦情を聞いた後で、まずは「いい女性を紹介できずにすみません」とお詫びします。そして「必ず良い女性を紹介しますので」とか「頑張ります」などと言います。ありきたりな言葉ですが、余計な事をアレコレ言うよりは、とにかく誠意を感じさせることです。

ここまででほとんどの顧客はおさまりますが、なかには自分の息子の不甲斐なさを棚に上げて無理難題を言ってくる人もいます。そんなときはキレそうになることもあるでしょうが、そこでの対応が後々の再更新や国際結婚につながりますので、決して短気を起こして喧嘩腰になったり反論したりせず根気強く対処しましょう。そういう人は、何を言っても、たいていこちらが悪いとしか言わないのですが、そんな人であっても、とにかくあまり反論したりせず、ひたすら誠意を伝えることです。

（2）どうしてもお見合いが組めない場合の対処法

顧客の要望は「入会したからには1日でも早く結婚相手を見つけてもらいたい」の1点です。ですから、どうしても見合いが組めない場合、定期的な連絡をするのは当然ですが、女性の身上書を送ってあげ、こちらの活動状況を認識してもらうのも一つの方法です。この場合の女性の身上書は、お見合いが確定していない女性でも大丈夫です。その身上書を見て、男性本人やご両親から「会わせて下さい」と連絡が来たら、「女性側の仲人さんからまだ返事が来ていないのでもうしばらくお待ちくださいい」と伝え、数日後に「申し訳ありません。女性側から連絡があり〝今回のお見合いは無かったことにして下さい〟と連絡がありました。仲人さん達が今また別の女性を探していますので、もうしばらくお待ちください」と連絡します。

一番良いのは、女性の身上書を見て男性やご両親から断ってくれることです。そうすれば時間稼ぎができ、ありがたいのですが。

僕の地域では、ずっとこの方法を使い、全くお見合いさせてくれない悪質な業者もいます。僕はあまりこの方法は使っていませんが、毎回でなければフォローのなかの一つのテクニックとして有効でしょう。とにかく顧客は前金で高額な費用を取られただけで、「全く何も活動していないのでは？」と大なり小なり不安を感じています。実際に見合いを組めれば問題ないのですが、なかなかそうもいかないのが現状ですので、何らかの活動状況を見せてあげましょう。

たまに、法律的な知識をひけらかし、いろいろツッコんで苦情を言ってくる人もいますが、きちんとした契約書を交わしておけばまずトラブルにはならないでしょう。

## (3) 中途解約をトラブル化させないための契約書

契約後、ある程度の期間が過ぎると、こんなことを言ってくる人もいます。

「1年契約で入会して半年たったが、希望の女性とのお見合いができず不満なので中途解約したい。契約料金の半分は当然返してもらえるのか?」

要するに、早期に中途解約を申請し、月割り計算があるか、という問い合わせです。こういう場合でも、こちらのサービスが開始されていれば、データ作成や仲人さん達への紹介依頼費用・広告費用・活動費用など色々な費用がかかっています。

このビジネスは形のあるものを売って報酬を得るのと違い、成婚を目指してサービスを提供しています。決して成婚を保証するものではありませんが、そのサービスの対価は必ずかかっています。したがって契約期間内に一度もお見合いしていなくても、それまでかかった経費を得る権利があります。顧客としては入会してからわずかな期間しか経過していなければ、ほとんど料金が返ってくるだろうと考えがちで、それがもとでトラブルになるケースもあります。しかし、契約書に料金の内訳や中途解約の場合の返金額の算出法などが記載してあるので、消費者センターなどに相談されても、まず契約した返金額を返金すれば済みます。

# 第6章

## 年齢や男女の区別なく働く
## 仲人さん達
## どんな人がいるの？

未婚の男性と女性をつなぐ仲人さんの仕事は、年齢や男女の区別なく誰でも出来ます。酸いも甘いも噛み分けた高齢者も僕の周りにはたくさんいます。最初は仲人は向いていないと思われるような人が営業成績を上げ、僕自身、その人の隠れた資質に驚かされた、という例もあります。

その何人かをご紹介します。

## 全くの業界未経験の40代半ばの女性Aさん

Aさんは、過去に色々な営業やクラブホステスなどしていましたが、たまたま未経験で私のところに入社しました。

勤務内容は、お見合い設定や立会い、顧客へのフォローなどをメインにしていました。当初、他業種の営業経験や接客業の経験もあるので期待していましたが、僕の見る目が無かったのか、とにかく物覚えが悪いというか呑み込みが悪いというか、何をさせても雑でした。お客への電話対応を聞いていても、ものすごく大雑把で、ちょっと向いていないかな、と感じていました。会社内でも空気が全く読めず、年配の仲人さん達からは「変わった人だねぇ〜」と言われていました。

勤務態度も変わっていました。女性の場合、普通なら、出社時間の少し前に来て机を拭いたり床をキレイにしたりトイレ掃除をしたりするものですが、彼女がやっているのを見たことがありませんでした。毎朝出社時間ぎりぎりに来るか、遅刻して出社するのですが、悪びれた様子もありません。自分の椅子に座ったと思ったら、あくびをしながら自慢のロングヘアーをブラシでときだし、気怠い雰囲気を事務所全体に漂わせます。その後、男友達とＬＩＮＥをしながら化粧に取り掛かります。

ようやく化粧も終わり、流し台の方へ行くので、コーヒーでも入れてくれるのかと思っていたら、換気扇の下でおもむろに煙草に火をつけます。それもいまどき年配男性でも吸わないセブンスターのソフトケースで、少し鞄の中で曲がっていました。「おまえなあ……」と言いたくまりますが、あきれてそのあとの言葉が出てきそうにありません。いままで色々な女性が働きに来ていましたが、ここまでずうずうしいというかマイペースな女性は見たことがありませんでした。こりゃあ辞めてもらうしかないかな、と考えました。

ただ、人柄が良いのと、変に度胸があったので、たとえは悪いですが、『僕のノウハウがどこまで通用するか、最高のモルモットだ』と考え、営業に回ってもらうことにしました。

一通りの営業方法を教え、彼女が個人で仲人をしているという事にして営業させてみました。会社の名前を使わず、名刺も彼女の個人名と携帯番号のみで、独身者のいるお宅へ営業に行かせました。訪ねて行った営業先のご両親から見れば、会社のバックボーンもなく、自分たちの娘に近いような一人の女が「仲人です」と訪ねてくるのです。それで果たして信用してもらえるものなのか？　とにかく試してみるしかありません。これでダメなら本当に辞めてもらおうと思っていました。

結果はどうなったかというと、約半年間で50万円の入会契約を8件取りました。もちろん、彼女自身が誰の力も借りず全くの単独で、です。彼女の人柄がご両親や本人達に信頼されたんでしょうが、これには正直僕も驚きました。

彼女の営業活動の一部を紹介すると、こんな感じです。

・県境にある遠方のお客と契約したのだが、集金の時に、母親はお金をおろすために農協まで行かなくてはならなかった。そこで、運転免許がない母親を農協まで送るため、早朝から軽自動車を走らせ、母親を農協まで乗せて行った。

・何度も結婚相談所にお金を払ったがまとまらず、前金のいる仲人は全く信用していなかったご両親を、とにかく通い詰めて落とした。

・僕のところや他の結婚相談所が何度行っても契約できず、無理と決めつけていたお客とサラッと契約してきた。

彼女は余計な事を考えないで、素直に僕が教えた事を実行し続けたのですが、それが良かったのだと思います。彼女は複雑な事をしたわけではないですし、またそういうことのできる知識も能力もまだ無かったのですが、しっかり結果を出すことができました。

一件一件営業に行くたびに、僕は彼女に「ご両親と会えたか？」「どんな話をしてどんな対応だったか？」「今度行ったらこんな話をしてみたら」「こんなことを聞いてみたら」など、色々と話を聞いたりアドバイスします。そういう形で営業を進めていきました。途中で、彼女も諦めようとしたお客もいましたが、僕がそのお客の話の内容を聞いてみると、粘れば何とかなると感じ、「あきらめずに通いなさい」とアドバイスをして決まった案件もありました。

自分のビジネスノウハウの実験台と言っては語弊がありますし、何か偉そうですが、本当に誰でもが出来るんだなと、彼女によって自分のノウハウの確かさを確信できました。
今は僕の会社を離れ、違う仕事についているみたいですが、先日久しぶりに電話すると、僕から習った経験があるから、日本中どこに行っても、お婆ちゃんになっても食べていける、と笑っていました。

**落ち着いた物腰の70代前半の女性Bさん**

Bさんは、大手企業に勤める息子さん夫婦と同居しています。ご自身は年金暮らしですが、自分の趣味や孫たちにも色々お金がかかるので、やはりそれなりに稼ぎたいという理由で仲人業をしています。

Bさんは話し方も穏やかで、お客に丁寧に説明し安心感を与えた上で入会してもらうというスタイルで活動しています。基本的には30万円前後の入会金を取っていますが、ごく稀に、前金にどうしても抵抗を示す人には入会金を数万円～10万円程度に抑え、そのかわりにお見合い料金を2万円～4万円程度いただくなどしています。

僕の会社は基本的に60万円の入会金をいただいていましたが、個人でやっている方に関しては金額や条件に決まりはないので、それぞれ自分のやり方でやっておられます。分割に関しても、僕の会社の場合は基本的には受けていませんが、同時に臨機応変にも対処しています。個人でやっている方たちはBさんのように、顧客に合わせて色々なコースを提案し工夫して営業しています。

個人の仲人さんは口八丁手八丁で、説明も結構雑な人が多いですが、Bさんは名刺代わりにA4サイズのチラシを作り、挨拶から入会後の流れなど丁寧に書いてあるものを渡しています。簡単ではありますが、法律上の必要事項をきちんと記入した契約書も作り、入会の際にはそれをお客に渡し、自分で説明しています。また、入会後のお客とは、スマートフォンを駆使してメールでやり取りしています。

Bさんは高齢で運転もしないので、自宅から電話でお客にアポを取り、その日のスケジュールをきちんと立て、友人に車に乗せてもらって営業しています。もちろん友人にはガソリン代と日当を渡しています。

実は、Bさんは地元の国際結婚を専門とした会社で営業として活動していました。その会社の経営者が中国人だったため、日本人男性会員とのコミュニケーションや説得・フォロー等を行ない、会社ではなくてはならない存在でした。上品な外見や雰囲気とは違い、内面に「強さ」に感じさせます。50代60代の高齢男性の顧客に対して粘り強く国際結婚を勧める姿は、まさに年季の入った筋金入りの強さを感じさせます。

ただ最近は、年齢のためか物忘れも多いそうで、ほかの仲人さん達に「そろそろ引退かな？」と話しているようです。

## 70代前半の男性Cさん

Cさんは長年勤めた会社を退職後、年金暮らしでのんびりしていましたが、知人から息子の嫁さがしを相談されたのがきっかけで、ほとんどボランティアのような感じで仲人をするようになりました。たまたま僕のところの男性スタッフと知り合い、お会いしたのですが、その時、Cさんからこんな悩みを打ち明けられました。

「だいぶ前にお願いされた知人の息子さんがいるのですが、おとなしすぎて、何度見合いしても決まらず困っているのです」

その息子さんは40代前半ですが、ご両親もこのまま結婚できないのでは、と心配されており、Cさんからも良い方法がないかと相談されたのです。そこで、僕はCさんと一緒にその知人のお宅に伺い、ご両親や本人にお会いし、一通り話を聞かせていただきました。

やさしそうなお父さんと若いころはかなり美人だったのでは思われるお母さんでしたが、

本人自身は少しドモリ気味で、見合いの席で女性を前にしてしまうと、それこそ緊張して全く話せなくなるとのことです。

そこで、女性の好みを聞いてみると、意外にも理想は高く「芸能人の○○がタイプです」などと言います。僕はご両親に、日本人では難しいので中国人女性を勧めてみたところ、幸いご両親も本人も国際結婚にあまり抵抗は無く、なおかつ息子さんの理想が高かったので話が進めやすく、数日後、僕のところで中国人女性を紹介しました。

すると、息子さんも大変気に入ったようで、とんとん拍子に話が進み、契約や集金など一連の流れが完了しました。その後Cさんから連絡がありました。Cさんは僕たちの仕事の進め方を見て非常に感心され、今後のご自身の仲人業に対するアドバイスを強く求められたのです。僕はCさんにこう話しました。

「ボランティアも悪くはないですが、ボランティアだと紹介する女性の情報も集められず、せっかく頼まれてもご両親や息子さん達のご期待にそえなくなる可能性があります。ご両親や息子さん達の一番大事な時間をいたずらに使うよりも、思い切って入会金や見合い料金などをきちんといただいて、その費用で独身男女を集める広告を出すなりした方がお互いプラスなのではないでしょうか？」

僕が生意気にもこうアドバイスすると、Cさんもその考えに賛同していただき、「自分なりにいろいろやってみます」との事でした。

ちなみに最近、新聞などの情報コーナーでちょくちょくCさんの広告を見かけます。

## 60代後半の女性Dさん

私のところにいる仲人さん達は皆、高齢なこともあり、県内あちこちを営業に回るのは無理です。地図を見たり、ナビを入力したりして自分で運転するなどなおさらです。そのため、男性スタッフが会社の車に仲人さんを乗せて、今日は東、明日は西、あさっては南などという具合に独身情報を元にあちこち訪問していきます。

Dさんは私のところで約2年間仲人として働いていました。そして、独身者のお宅を回って営業していました。Dさんの場合、Dさんお気に入りの運転手E君を連れて毎日営業に出かけていました。はじめのころは見込み客が見つかると、詳しい説明や契約金の集金等、詰めの部分は僕に頼みに来ていましたが、だんだんと自分でも全てをこなせる様になっていきました。

ある日Dさんから相談があると言うので事務所で待っていると、E君を伴いやって来ました。相談というのは、今まで通りDさんがE君を運転手として使う形で独立してやってみたい、とのことです。完全な独立というわけではなく、僕のところの下請けという形でやりたいと言います。車は僕のところの車を借り、ガソリン代やE君の日当は自分が支払い、そして契約したお客のフォローは僕のところに頼みたい、との事でした。僕にしたら契約料金の割合さえ条件に合えば別に問題はなかったので了解しました。

結果はどうなったかというと、50万円前後の契約を月に1～2件ほどとってきたので、E君にぼくのところにいたころと同等以上の日当とガソリン代を払っても、Dさんの月の収入は地方の40代のサラリーマンより多かったはずです。しばらくして、E君から僕に個人的に相談があると言って来たので、どんな話か聞いてみると、こう泣きついてきました。

「毎朝Dさんの家に迎えに行くと、その日営業に回るのかと思っていたら、スーパーやホームセンターに乗せて行ってくれと言います。その間ずっと家庭や孫の話を延々と話されるのですが、そんなことがしょっちゅうで辛いんです」

これを聞いて僕は大笑いし、「君の雇い主は僕じゃなくてDさんだよ」と言うと、E君は「そうでした」と観念したようです。

これは特殊な例だと思いますが、僕の母親世代の人たちが、僕から聞いたことを吸収し自立してやっていくのを目の当たりにすると感心します。そして、この高齢化社会で、年齢に関係なく誰もが出来るこの仕事の良さを改めて認識しました。

# 第7章

# 結婚難民と言われる適齢期を過ぎた独身男性が一度は耳にする国際結婚の“光と闇”

## 国際結婚の多くは日本人男性に中国人女性を紹介をすること

国際結婚という言葉を耳にすると、たいていこんなケースを思い浮かべるようです。

・日本人女性と白人男性が一緒になる。
・日本人男性が欧米等の海外出張先で白人女性と結婚する。

こうしたケースはもちろん国際結婚ですが、僕たちの業界で国際結婚と言えば、「日本人男性に外国人女性を紹介する」というのが主流です。もっとはっきり言えば、僕の場合、「日本人男性に中国人女性を紹介する」ということでした。

僕がこの業界に入った当時、フィリピン人女性との国際結婚をよく聞きました。しかし、フィリピン人女性の場合、日本人との顔立ちの違いなどもあって、今はあまり見聞きしません。ベトナム人女性やタイ人女性を紹介する話もよく聞きますが、手続等の難しさから、紹介している業者は少数です。そのため、顔立ちが日本人と似ていて、手続き等もさほど難しくない中国人女性の紹介が主流になっています。

中国人女性の場合、次の２つのケースがあります。

・中国在住の中国人女性
・日本在住の中国人女性

〈中国在住の中国人女性のケース〉

中国在住の中国人女性の場合、日本に数年間研修生で働きに来ていた経験があるケースが多いため、日本の良さや日本人の性格をわかっています。そして、多少の日本語も分かり、日本人男性とのコミュニケーションも取れるので紹介しやすい。現地の中国人女性とはパソコン等を使ってチャットやスカイプなどの画面を通じてお見合いします。いわゆるテレビ電話のお見合いです。僕の場合、事務所や男性宅などで、通訳も同席しながらお互い会話をします。

〈日本在住の中国人女性のケース〉

日本在住の中国人女性の場合、たいてい一度日本で嫁ぎ、その後離婚を経験しています。そして、日本で再婚相手を求めています。日本在住の中国人女性の場合、日本国内で発行されている中国人向けの新聞などに広告を載せたり、在日中国人の仲介などで見つけた中国人女性を日本人男性に紹介します。

どちらも一長一短があるので、一概にどちらが良いとは言えません。中国在住の中国人女性の場合、それこそ限りなくたくさんの女性の中から、自分がいいと思った女性を探すことが可能です。但し、その際には、基本的に数日間中国へ行って手続き等をしなければなりません。また、やはり一度中国まで行って直接会わなければなりません。

なぜならば、画面上のお見合いだけですべてを済ますことは難しいからです。昔は数枚の中国人女性の写真を見せてもらい、そのなかから選んだ女性に会いに中国に行きました。ところが、現地に行くとその写真の女性はいなくて、結局せっかく来たのだからと別の女性を紹介したりする荒っぽい業者もいました。そういう時代から見ると今は雲泥の差ですが、数日間休みを取って中国へ行くことがなかなか難しかったり、わずか数日間でお嫁さんを決めること自体が考えられないという人もいます。そういう場合は、日本に住んでいる中国人女性に限定されます。

日本在住の中国人女性の場合、その時その時でタイミングよく自分の好みの女性が見つかればいいのですが、現地の中国人女性のようにたくさんの中から選ぶという事が出来ません。また、自分がいいと思った女性が見つかっても、相手がNOと言う場合もあります。

日本在住の中国人女性は、最初に嫁いだ日本人男性よりも条件の良い男性を求めるので、条件が悪いと得てしてNOとなりがちです。こういう女性に限って自分のビザの期限が近づくと、どんどん相手の男性への希望も下げていきます。なぜ希望を下げるのか？

それは在留資格に関する問題があるからです。日本人男性と結婚して来日している女性は、配偶者ビザで日本にいるため、離婚してしまうと基本的には帰国しなくてはなりません。ただ、彼女たちに在留資格があるうちは強制帰還されません。だから、ビザが切れるまでに再婚しようとします。

最初はいろいろ理想を述べていた彼女らも、ビザの期限が近づくと極端な話、日本人男性ならだれでも良いという考えになりがちです。こうして、相手の男性への条件をどんどん下げていくのです。

## お母さんに毛嫌いされる国際結婚

国際結婚の流れは前項で示したとおりですが、その前に、まずは、婚活中の男性とそのご両親が、国際結婚についてどう思っているかを知ることです。

はっきり言いますと、たいていは国際結婚など夢にも思っていません。仮にそうした話が持ち上がったとしても、ほとんどの人は絶対に嫌がります。特にお母さんの拒絶反応は強い。言い方は悪いですが、その様子をはっきり伝えるためにあえて言いますが、何か汚い物でも見るような顔をしながら嫌悪します。

あるお母さんは、僕が国際結婚を持ちかけたら、口を真一文字にして、

「どんなひどい女でもいいので、日本人女性を持って来てください！」

と言いました。

あるお母さんは、

「日本人では難しいので国際結婚を……」

という言葉を聞いた瞬間、ショックのあまり泣き出しました。

このように、お母さんの反応はひどいものです。お母さんたちからすれば、きっとこんな思いが強いのでしょう。

「国際結婚ではなく、とにかくほかの人たちと同じ結婚をさせてあげたい」
「変わったことをすると周りから好奇な目で見られる」
「息子に甲斐性が無く、日本人女性をもらえなかったから中国人女性をもらったのだと思われたくない」

こうした複雑な思いやプライドもあるのでしょう。とはいえ、息子さんが恋愛して、白人の金髪女性なんかを連れてきた場合は、意外と反対したりなんかしないと思います。

## 〝そのうちに結婚できる〟という間違いに気づかないとなかなか前には進まない

国際結婚は自分さえ納得すれば、何年婚活しても全く可能性の無かった男性でもほぼ100％近く結婚できます。とはいえ、皆さんやはり国際結婚など全く考えたことも無く、日本人女性との結婚を望み婚活しています。その気持ちはわかるのですが、僕たちは一応プロなので、その男性と会って話すだけで、日本人女性との結婚が難しいかどうかはすぐ分かります。

それでもいきなり国際結婚の話はせず、日本人女性を紹介していきますが、1年2年と経つうちに、本人たちも現実に気づき始めます。その場合、本人と直接話せるのであれば、2人だけで会って話し合いします（男性顧客の場合、親が結婚相談所や費用のことを本人に内緒にして入会していることも多いのですが、そうでない場合は、本人と直接話すことも可能です）。

時にはお酒を飲みながら、ということもあります。まず色々話をしながら、本人達の気持ちを聞き出します。僕が彼らと話して感じるのは、彼らがこんな思いで結婚相手を探そうとしていることです。

「別にそんなに頑張らなくても、結婚なんてそのうち何となく出来るんだろう」

「30才後半くらいまでに、なんとなく普通の女性と知り合い交際が始まり、普通に結婚し、普通に親と同居もし、普通に子供もできて……」

地方の男性にとって割合普通のことではありますが、彼らは「自分もなんとなくそうなる」と思っています。ところが実際はそうもいかず、僕らに頼んでお見合いするのですが、会っても会っても断り続けられ、現実の壁を目の当たりにします。

そうなって、ようやく僕の方から一度話をしようと持ちかけ、僕なりの提案をします。なぜこうした遠回りをするのかというと、壁にぶつかり、きびしい現実に気づいてからでないと、なかなか聞く耳を持とうとしてくれないからです。たとえば勉強でも仕事でもスポーツでもそうですが、なぜ上手くいかないのか？　どうしたらいいのか？　と意識しはじめないと、心を開いて他人のアドバイスを聞こうとしないものです。それと同じです。

## 独身男性に示す「3つの方向性」

最初に男性に聞くのは、結婚相手の女性に対する希望です。どんな女性でもよいとは思っている人はいませんが、女性へのこだわりには差があります。こだわりが強い男性と、そうでもない男性がいます。そこで僕は、男性に次の3つの方向性（選択肢）を示しています。

〈1つ目の方向性〉

今このまま進めていってもなかなか難しい事が分かったと思うので、相手の女性への条件など出さないで欲しい。たとえばバツイチで子供が2人いる女性であろうが、5歳以上年上の女性であろうが、あなたのことを良いと言ってくれる女性であれば受け入れてほしい。

〈2つ目の方向性〉

相手の女性への理想があれば、とことん追求しても構わない。ただし、国籍は問わないで欲しい。

〈3つ目の方向性〉

1つ目も2つ目もNOで、何が何でも自分の理想の日本人女性を探すというのであれば、納得するまで何年でも付き合ってあげても構わない。ただし、これを選択した場合、僕が知っている男性は10年以上経っても、いまだに理想を追い続けている。いわゆる結婚難民で、あなたには結婚難民だけにはならないで欲しいと思う。

このように3つの方向性を伝えると、ほぼ全員が1つ目か2つ目を選択します。1つ目を選択した後で2つ目に変わったり、2つ目を選択した後で1つ目に変わる場合もあります。なぜこうした方向性を示すのかというと、それは、国際結婚への食わず嫌いをなくしてほしいからです。確固たる理由もなく国際結婚はどうしても嫌と言う人も多いので、まずはそうした頑なな気持ちをやわらげてほしいのです。

それでも1つ目を選択したら無理強いせず、根気強く探し、場合によったらお金をかけて別の業者に頼んだりしていきます。

## 中国人女性とお見合いして舞い上がる男性

2つ目を選択したら、テレビ電話などで事前に伝えた好みに近い女性たちとの見合いが始まります。すると、舞い上がってしまう男性もいます。

なぜならば、それまで日本人女性とのお見合いでは話が弾むことも無かったのに、国籍は違えど、自分の好みの女性たちからいろんな事を聞かれ、なかには初対面で求婚してくる女性もいたりするからです。こうして舞い上がってしまう男性も少なくはありません。今までは断られる一方だったのに、今度はたくさんの女性のなかから選ぶ立場にかわるのですから、それも当然です。しかも、自分の好みの女性を選ぶのですから。

こうしたお見合いを繰り返していき、1人の女性に絞り込み、現地に直接会いに行く段取りをします。ここでふと我に返り、相手の女性が日本人ではないことにあれこれ考えてしまい、1つ目の選択に戻ることもあります。

しかし、ほとんどの男性は、その女性に会いに行く日程を組んで行きます。中国へわざわざ女性に会いに行くのですから、決めずに帰ってくるというケースはほとんどありません。

ただ、ちょっと意外なことがあります。それは、日本で「この女性」と決めた相手ではなく、別の女性を選んで帰ってくる男性が結構いることです。つまり、現地で別の女性とお見合いして（たいてい10人以上）、その中から当初の女性とは違う女性を選んで帰ってくる、ということです。僕もビジネスなので決まれば問題はないのですが、やはり現地で直接会うと、テレビ電話でのお見合いでは気づかなかった部分が見えたり、他の女性が良く見えるようになるのでしょう。男の立場からすると、気持ち的には分からないでもないですが。

## 国際結婚にまつわる物騒な噂

国際結婚には、昔からある噂がつきまとっています。それは、主にフィリピン人花嫁や中国人花嫁にまつわる噂ですが、例えばこんな具合です。

・毎月母国に多額の仕送りをしなければいけない。

・結婚後、すぐに逃げていなくなる。
・お金の為に日本に来るので、財産を根こそぎ持って行かれる。
・結婚したものの、しまいには殺される。

こんな物騒な話が都市伝説のように伝わっています。すごく貧しい地域からお金の為だけに日本に来ると思っている人も多いのです。実際のところどうなのか、と言われても、仲介する業者に問題がある場合もあるので一概には言えません。また、毎年一万人以上の中国人花嫁が日本に嫁いでくるので、それぞれの女性がどういう思いで海を渡ってくるのかも分かりません。国際結婚のお世話をしていてこんな言い方は無責任に思われるかもしれませんが、正直なところ、彼女たち一人ひとりの本当の気持ちまでは分かりません。

ただ、僕自身中国人女性を紹介してきて、仕送りだとか、急にいなくなっただとか、財産を取られただとか、そんな事は今のところ聞いたことがありません。また、中国人の友達に聞くと、中国人花嫁の方が嫁ぎ先の日本人男性の家より裕福なケースもあったり、最近では日本人女性と在日中国人男性の結婚も増えているようです。

50代までずっと結婚できず独身だった男性が、20代の美人の中国人女性と結婚し子供を作り、幸せそうにしているのを見たりすると、あまり色眼鏡で見るのもどうかと思います。

当然、国が違えば育った環境や食べ物も違います。考え方等も違います。お国の違いを言い出せば、この狭い日本でも東北と九州ではだいぶ違いますし、色々な習慣等もかなり違います。僕の住んでいる地方でも、同じ県内にありながら、東方面や西方面、北方面や南方面で全く習慣等が違ったりするので、国が違えば、やはりそれなりの違いがあって当然だと思います。

## 結婚できない男性、結婚しない女性

30代、40代、50代の独身男女の未婚率は色々な統計やデータで示されています。しかし、僕がこの仕事に携わって感じるのは、独身男性はかなり目立つのに、一方の独身女性は目につかない、という事です。実際にはそんなこともないのでしょうが、イメージとしては「結婚できない男性、結婚しない女性」という印象が強いです。

結婚相談所では「男性が選ばれる側」「女性が選ぶ側」の状態なので、とくにそう感じます。独身女性は年齢とともに結婚相手に対する理想はどんどん上がっていきますが、結婚自体には臆病になっていきます。

そのため年齢の高い独身男性の出口（成婚）としては、この先も必ず国際結婚という選択肢を避けては通れないと思います。これは僕の偏見かもしれませんが、これまで独身男性と話をしていていつも思うことがあります。それは、結婚というものに対するイメージがものすごく大きく、重く、人生の一大イベントととらえ、考えすぎているように感じることです。

若いときは恋愛の流れの勢いで結婚することが多く、僕自身も20代で結婚しました。その後、離婚も経験し、再婚しました。だから、ある程度の年齢になると色々考えることが多くなるのは分かります。ところが、実際に結婚して、ある程度年月が経過すると、事情が変わってきます。たとえ最初は条件にマッチした相手であっても、その後、子供が生まれ一つの家族になってしまうと、お互い子供のことばかりを考え、夫婦間も男女というよりは家族の一員としてのみ見るようになるからです。それは不幸なことではなく、むしろ子供の成長と共に色々な苦労や悩みなどを乗り越え、やがて家族としての幸せを得ていくのだと思います。

要は、結婚相手に色々な理想やこだわりを持つよりも、相手が外国人女性だろうと、とにかく早く結婚し、子供を作り、家族というものの幸せをいち早く築いた方が良いと思います。それが幸せなのではないでしょうか。

この考え方に反論する人は当然いると思います。僕もこの考え方が１００％正しくて、それ以外の考え方がすべて間違っているなどとは思っていません。ただ、一つの考え方として、こうした生き方もあるのではないか？と言いたいのです。

たとえ大恋愛して結婚した女性でも、所詮は他人です。しかし、子供はかけがえのない自分の分身です。独身男性本人やご両親と散々話をしてきた僕が感じるのは、いくつになっても自分の子供が欲しい、一人でもいいから孫が欲しいと切に望んでおられます。結婚に対する最終的な望みや希望はそこにあるのではないかと思います。

もう少し結婚というものを楽に考え、結婚自体を最大の目標とするのではなく、通過点のようにとらえていけば、今婚活しながら連戦連敗している30代後半から50代の男性たちは意外に簡単に望んでいる幸せを手に入れることができるのでは、と思います。

30代後半から50代の独身男性の婚活に長年関わってきましたが、この仕事を通じて感じることがあります。それは結婚の目的が、本来あるべき姿から変わってしまうことです。本人は「なぜ結婚したいのか」、ご両親は「なぜ結婚させたいのか」が結婚の目的になってしまうのです。要は「結婚（嫁）、イコール、世間体（対外的理由）」が主であることです。

本来は、本人が「自分が好きになった女性と一緒になりたい」、ご両親が「息子が好きになった女性と一緒になれれば」というのが普通ですが、そういう気持ちがあまりないのではないかと感じられます。僕の住んでいるような地方では特にそうだと思います。適齢期を過ぎた独身だと一人前と思われなかったり変わり者ではないのかと思われたりするのを気にして「結婚をしよう」「結婚させよう」としているように感じます。

**これは僕の勝手な思いかもしれませんし、結局はビジネスとしての魅力もあるので国際結婚にも携わっているのですが、この日本で結婚したくてもできない男性が多くなっているので、今後、国際結婚はさらに増えていくと思います。**

# あとがき

本書では最初から一貫してお話ししてきたように、僕はずっと「楽をして儲かることがないか」と思い続けてきた怠け者です。なんとなく出会ったこの婚活ビジネスですが、既に約10年経ちました。お金はあるに越したことはありませんが、このビジネスを始めてからも、「売り上げを伸ばす」「稼ぎまくってやる」とバリバリ頑張ることもなく、ほとんど毎日のようにまだ陽が高い夕方前から駅前の横丁で飲んでいました。たぶんもっと稼ぐことも可能だったかもしれません。もう少し頑張れば贅沢な生活も出来たでしょう。それでも一般のサラリーマンよりは収入が十分ありましたので、自分では満足しています。怠け者の僕にはぴったりの仕事でした。

ただ、このビジネスに限ったことではありませんが、自営業を営んでいたり、会社を経営していたりすると、自分の休日がなかなか取れません。土日や祝日に子供たちと一緒にどこかへ行くということもなかなかできません。そうした制約はありますが、家族の了解があれば何とかクリアできます。

この本を読んでいただいた人達に声を大にしてお伝えしたいのは、**難しいことを考えずにとにかく始めてみる、片足だけでも突っ込んでみる、ということです。**会社から給料をもらう形のサラリーマンの方々が、自分で何かビジネスを始めるというと、重く考えたり、あれこれ準備しようとしたりします。しかし、副業やアルバイト感覚でも大丈夫なので、取り敢えず明日からでもやってみましょう。いきなり数十万円を稼ごうとしなくても、1万円でも2万円でもいいと思います。やったことのない世界への第一歩は誰でも不安ですが、決して乗り越えられないことはありません。

さも簡単なようにこう言っている僕ですが、実は新しいことへの第一歩が踏み出せませんでした。以前ジムへ通う気になったときでも、その前を車で何度も通るだけで、ドアを開けて中に入り、入会手続きしたのは1年後でした。矢沢永吉が好きで車の中ではいつも聞いていますが、これまで矢沢永吉のコンサートには1度も行ったことがありません。行きたいと思いつつも、今更チケット抽選などについて誰にどう聞けばいいのかを考えると、ついそのままになってしまいました。お酒が好きなので本当は新しい店や話題の店に行ってみたいのですが、やはり知らない店にいきなり入るのは不安で、結局いつもの落ち着く小汚い横町で飲むことになります。僕自身、あれこれ思い出すと、キリがありません。

こういう性格の僕でさえ、新しくビジネスを始めることができました。

本書のなかで僕が再三お話ししてきたことは、**今よりも少しでいいから楽な生活がしたいと思うなら、ほんのちょっと時間を割いて動いてみる、それさえできれば今までと違った景色が見えるのではないでしょうか。**

この本を読まれた人が気軽にこういうビジネスを始め、その結果、月3万円でも5万円でも稼げれば素晴らしいことです。数千万円、数億円稼ぎたいという人には物足りない本かもしれませんが、そういう人はハイリスク・ハイリターンの資金運用の本などを読まれたほうがいいと思います。

繰り返しますが、この本は、今よりも月3万円でも5万円でも収入がプラスになればよい、という人達に読んでほしいのです。そして、わずかな収入増によって、どれだけ日々の生活が楽になるかを実感してほしいのです。

今後日本という国がどのように変化していくのか僕には見当もつきませんし、それほど関心もありません。でも、自分自身や自分の家族の事は誰も助けてくれません。国も守ってくれません。自分で守るしかないのです。

そのためには今まで通りの毎日ではなく、ちょっとだけでいいので何かを始めてみることです。頑張らなくてもいい、できることから始めてみる。無理なことはやらない。それでも大丈夫です。僕自身そういう風にやってきましたから。

（つねかわ　まさたか）

# 恒川正孝

１９６５年生まれ。

高校卒業後、自動販売機のセールス、長距離トラック運転手、不動産会社勤務等を経て、２００７年に独立。独身男女の結婚のお世話をする結婚相談業の法人を設立。

大手結婚相談所のように広告を出し、顧客からの問い合わせを待つという経営方法ではなく、独身者のいる家庭に直接アポ無し訪問という独自の営業スタイルを確立し、安定した売り上げを続けてきた。

現在、「楽して儲かるクラブ」を運営し、このノウハウを活かしての結婚相談業の開業希望者・副業希望者に向け、机上の空論ではなく具体的に稼ぐ方法を分かりやすく伝授している。

※メールアドレス：www.info@thyme-net.jp
※ホームページ：moukaru-moukaru.com

# ダメ男の僕がやっと見つけた稼げるビジネス

2016年7月20日〔初版第1刷発行〕

著　者　恒川正孝
発行人　佐々木紀行
発行所　株式会社カナリアコミュニケーションズ
〒141-0031　東京都品川区西五反田6-2-7
ウエストサイド五反田ビル3F
TEL　03-5436-9701　FAX　03-3491-9699
http://www.canaria-book.com
印刷所　石川特殊特急製本株式会社
装丁　株式会社バリューデザイン京都


ISBN 978-4-7782-0361-0 C0034

# カナリアコミュニケーションズの書籍ご案内

2015 年 10 月 30 日発刊
価格　1500 円（税別）
ISBN978-4-7782-0316-0

## 行列ができるカレー店の秘密

辻　智太郎　著

お客様の９割がリピーターという今密かに話題の「もうやんカレー」。
カレーづくりとは人生哲学そのもの。
一店１店のクオリティを守る行列のできるカレー店の熱い秘密がこの１冊に凝縮。

---

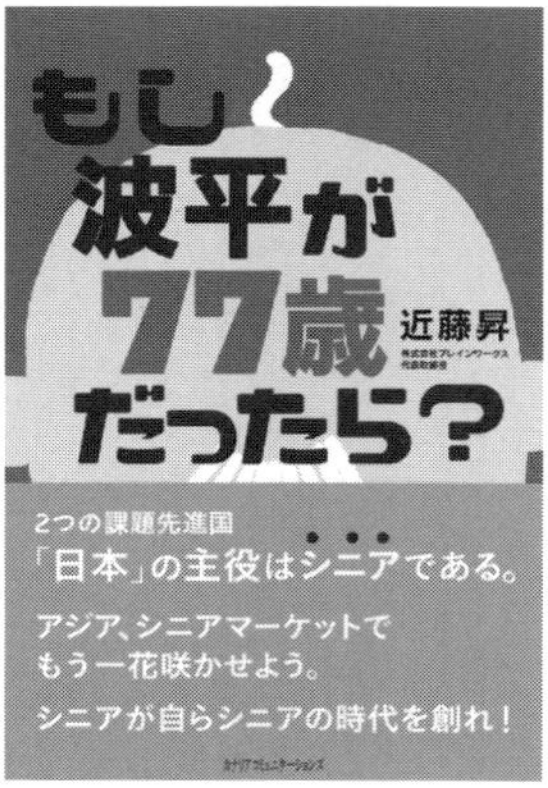


2016 年 1 月 15 日発刊
価格　1400 円（税別）
ISBN978-4-7782-0318-4

## もし波平が７７歳だったら？

近藤　昇　著

2つの課題先進国「日本」の主役はシニアである。
アジア、シニアマーケットでもう一花咲かせよう。
シニアが自らシニアの時代を創れ！

# カナリアコミュニケーションズの書籍ご案内

## ゴミは会社を救う！

武本　かや　著

それって本当にエコ？
ゴミを見ればその会社の本質がわかる。
あなたの会社の廃棄物の行方をご存知ですか？
捨て方一つでゴミはお金に変わる！
知らなきゃ損するゴミの捨て方。
ゴミを知り、ゴミをお金にする秘策を伝授！
環境コンサルタントが語るゴミのすべて。

2016 年 2 月 20 日発刊
価格　1300 円（税別）
ISBN978-4-7782-0326-9

---

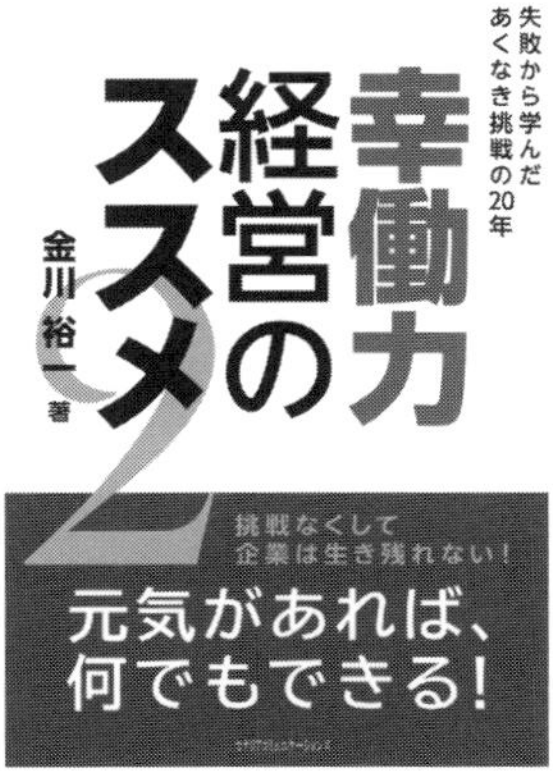


## 幸動力経営のススメ2

金川　裕一　著

あなたの会社は今、元気ですか？元気な会社の経営者は、社員も元気にする。
今年で経営者人生20年を迎える著者が書き上げた、珠玉の一冊！
社員が元気になる人事制度、評価の方法をご紹介。
仕事に真摯に向き合ってきた著者の経験が凝縮された言葉が満載。
全ての経営者、企業を志す若者達の必読の書となること間違いなし。

2015 年 11 月 30 日発刊
価格　1400 円（税別）
ISBN978-4-7782-0321-4